新华学术

新华学术·思享者

新华学术系列图书：

《多元文化主义的终结》［美］劳伦斯·哈里森 著

《想透彻：当代哲学导论》［美］夸梅·安东尼·阿皮亚 著

《法国人是如何思维的》［英］苏迪·哈扎里辛格 著

《稻草狗：进步只是一个神话》［英］约翰·格雷 著

《木偶的灵魂：自由只是一种错觉》［英］约翰·格雷 著

《动物的沉默：人类优越论是一种偏见》［英］约翰·格雷 著

《反利维坦：政府权力与自由社会》［美］罗伯特·希格斯 著

《道德之弧：科学和理性如何将人类引向真理、公正与自由》［美］迈克尔·舍默 著

《民主的反讽：美国精英政治是如何运作的》（第15版）［美］托马斯·戴伊 著

《权力精英》［美］C·赖特·米尔斯 著

《政府为什么会失败》［美］兰迪·T. 西蒙斯 著

《幸福乌托邦：科学如何测量和控制人们的快乐》［美］威廉·戴维斯 著

《文化的重要作用：价值观如何影响人类进步》［美］塞缪尔·亨廷顿 主编

《电影院里的哲学课》［英］克里斯托弗·法尔宗 著

《哲学能做什么》［美］加里·古廷 著

《非常识：最聪明哲学家们的最奇怪思想》［美］安德鲁·佩辛 著

《思想者心灵简史：从苏格拉底到尼采》［美］詹姆斯·米勒 著

《道德哲学十一讲》［英］艾里克斯·弗罗伊弗 著

《没有标准答案的哲学问题》［美］菲尔·沃什博恩 著

《我们如何思维》［美］约翰·杜威 著

《论人的本性》［美］爱德华·O·威尔逊 著

《对权威的服从：一次逼近人性真相的心理学实验》［美］斯坦利·米尔格拉姆 著

思维的方式

[英] 怀特海◎著
赵红◎译

MODES
OF
THOUGHT

新 华 出 版 社

图书在版编目（CIP）数据

思维的方式 / (英) 阿尔弗雷德 · 诺思 · 怀特海著；赵红译.
北京：新华出版社, 2017.9
书名原文: Modes of Thought
ISBN 978-7-5166-3484-4

Ⅰ. ①思…　Ⅱ. ①阿…　②赵…　Ⅲ. ①思维形式－通俗读物
Ⅳ. ①B804-49

中国版本图书馆CIP数据核字(2017)第226143号

思维的方式
作　　者：[英]阿尔弗雷德 · 诺思 · 怀特海　**译　　者：**赵　红

选题策划：黄绪国　**责任印制：**廖成华
责任编辑：唐波勇　**封面设计：**臻美书装

出版发行：新华出版社
地　　址：北京石景山区京原路8号　**邮　　编：**100040
网　　址：http://www.xinhuapub.com
经　　销：新华书店
购书热线：010－63077122　**中国新闻书店购书热线：**010－63072012

照　　排：臻美书装
印　　刷：三河市君旺印务有限公司
成品尺寸：148mm × 210mm　1/32
印　　张：7.25　**字　　数：**120千字
版　　次：2018年3月第一版　**印　　次：**2025年7月第三次印刷
书　　号：ISBN　978-7-5166-3484-4
定　　价：49.80元

前 言

本书收录的几篇演讲稿所蕴含的主要思想是：我们经验中的因素就其可变性而言是“清晰明白的”，只要这些因素在重要性上所要求的那个适当时期内能够得到证实。必然性是不可轻易改变的，故它们往往隐约而模糊地处于思维之后。由是，哲学真理应当在语言的假定而非明确的表达中去寻求。鉴于此，哲学与诗相似，两者都力求表达我们称之为文明的终极智慧。

本书前六章，即第一部分和第二部分，是我从哈佛大学退休后不久，在 1937–1938 学年到马萨诸塞州韦尔斯利学院所做的讲演。这个幸运的机会使我能够将在哈佛大学讲演的专题加以压缩以供出版，在我已出版的作品中曾对这些专题做过不完整的介绍。第三部分的两篇讲稿题为《自然界与生命》，是四年前我在芝加哥大学所做的讲演，已由芝加哥大学出版社在国内出版，并由剑桥出版社在英国出版。原打算把这些讲稿整理成册，以组成这样一本书，但由于种种原因，这个计划没有如期完成。

结语《哲学的目的》改编自一篇简短的讲话稿，讲话则是在 1935 年的一次年度欢迎会上为哈佛大学和拉德克利菲女子学院哲学系的毕业生所作，曾刊载于哈佛大学校友会的年刊上。

艾尔弗雷德·诺思·怀特海

1938 年 4 月 25 日

目 录

CONTENTS

第三篇　自然界与生命

第四篇　结语

第一篇

创造的冲动

第一讲
重要性

哲学方法的第一章都应涵盖对于一些终极概念的自由探查，因为概念自然存在于日常生活中。我这里指的是蕴含于文献资料、社会组织和理解物质世界过程中的那些一般原则。

这些概念没有定义，因为所涉及的因素更为广泛，难以进行分析。如果要理解概念中的各类含义，需对每个因素进行同等深度的探讨。在讨论这样一组概念时，因为语言上的细微调整，任何一个概念都有可能成为中心概念。在这一讲中，“重要性”会作为中心概念，而其他话题会围绕其展开。

通过这个系列讲座，我旨在探查在人类定向活动中作为前提的人类经验所涉及的一些普遍性特征。我并没有想要建立一个体系哲学框架，这个目标对于这门短期课程来说过于宏大。所有体系化的思想，都必须始于前提。同样，如上所述，讨论过程中会不时使用一些基本概念，这些概念比由讨论的明确目的所表达出来的概念更为基本。在任何体系化过程中，必须将这些材料的语言解释进行整理、加工和排序。

在所有体系化的思想中，都有迂腐学究之气，即对概念、经验和建议置之不理，并将“我们不去想这些事情”作为堂而皇之的理由。体系很重要，它对于整理、利用和批判遍布于我们经验中的思维来说都是必要的。

但在体系化工作开始之前，如果想要避免所有的有限体系中所固有的狭隘性，我们必须做一项准备工作。当前，即使逻辑学本身，也在与形式论据中的发现做斗争，即每一套有限的前提所暗示的概念不应该在其直接范围之内。哲学涵盖所有概念，因此哲学永远不能始于体系化，而应从被称作“收集”的这个阶段开始。

当然，这个过程是无止境的。人们能够实现的是强调少数范围广泛的概念，并注意在这些概念展示中出现的各类其他观点。体系哲学虽然仅是专业研究的对象，但每一位知识分子都应对其加以注意，以避免受到自身专业领域的影响。

西方文献中，有四位伟大的思想家，他们除了在哲学体系建构方面对文明思想做出了贡献之外，在哲学收集方面更是取得了巨大的成就。他们是柏拉图、亚里士多德、莱布尼茨和威廉·詹姆斯。

柏拉图把握了数学体系的重要性，但他的声名鹊起主要源于散落在其对话、建议中的大量深刻洞见，这些洞见几乎被当时他生活的时代的古体文字造成的误解所湮没。亚里士多德边收集边体系化，将从柏拉图那里继承来的思想纳入到自身的体系结构中。

莱布尼茨继承了两千年来的思想，以前无古人后无来者之姿将先人的多样化思想大部分传承了下来。他的兴趣广泛，从数学到神学，从神学到政治哲学，又从政治哲学到自然科学，均有涉猎。这些兴趣点是以深入的学习为支撑的。若要写一本书，可将其命名为《莱布尼茨的智慧》。

最后，还有威廉·詹姆斯，他本质上是一位现代人，在学习以往知识的基础上充分提升了自身的智慧，但是他对当代理念的高度敏感性才更能体现其伟大之处。他通过旅行、与领袖人物的私人关系以及自身的各类学习等方式了解了他所生活的时代。但最重要的是他进行了收集工作。他的理智生活反对为了体系而忽视经验。他凭直觉发现了现代逻辑正在试图解决的伟大真理。

这个引言性的讨论主要涉及哲学的两个方面。体系化是对普遍性的一种思辨，采用的是科学的专业方法，并以一组封闭的基本观念为前提。从另一方面来说，哲学是对范围广泛和适当的普遍性概念的思考。这种精神习惯是文明的精髓。它就是文明。隐居鸫和夜莺能够唱出最动听的声音，但它们不是文明生物，缺乏足够的关乎自身行为和周围世界的一般性概念。毫无疑问，高等动物抱有理念、希望和恐惧。可是由于心智功能缺乏一般性，这些高等动物不具有文明性。它们的爱、奉献和姿态之美确实会获得我们的爱和柔情。文明远不止如此，但从道德价值角度而言，文明又不及于此。文明生物是那些运用大量普遍性认识来考察世界的生物。

2. 所有的经验中都不可避免地隐含着两种截然相反的概念，一个是重要性概念，即重要性的含义和前提。另一个是事实性概念，这是无法规避的。事实性概念是重要性的基础；重要性之所以重要，是因为事实性具有无法规避这一特征。我们专注于某事是由于我们感知到其重要性。当专注时，我们开始致力于其事实性。那些将注意力集中在事实性的头脑清晰者之所以这样做是因为察觉到这种态度的重要性。这两个概念截然相反，但又相互需要。

意识经验的基本模式，其特点之一是将一种广泛的普遍性和一种显著的特殊性融合在一起。人们对经验特殊性的特征缺乏精确分析。通过质的概念对个体经验进行的特征描述需始于细节分析，这个说法并不尽然。我们对于某种性质的最初意识是基于一种广泛的普遍性。以典型的思考模式为例，当我们回忆起文明经历的时候，会首先想到“这很重要”“那是有难度的”“这是很可爱的”。

这种思考方式具有很显著的特性，可以用以上表述中的“这”“那”这些词为标志；同时，这种思考方式还具有一种广泛的模糊性描写，暗示了由外部世界的特定事实而产生的某种激动形式。这种模糊性使有教养的人感到绝望。因为这种普遍性一经表述，就已非常明显而不值一提。然而这种模糊性始终存在，恰好处于意识的边缘。但是优秀的文学作品会避免出现由这些特质呈现出的大量的哲学一般性，并紧扣势必掩盖一般性的那些偶然的精确性。文学是一种奇妙的结合，既有心照不宣的假设分析，又反之回归，明确强调我们朴素的普遍直觉中所具有的基本情绪的重要性。

语言总是回退到普遍性中，这种普遍性存在于动物的习惯和习得的精确性之间，并总是假借更精准的语言表述落回到哲学普遍性中。这种回退是未受教化的，因为表述的是明显的事物。但是，这种回退又是哲学性的，因为明显性体现了多变细节的持久重要性。文人们反对模糊地使用本可以精确运用的语言。

例如，柯勒律治在其《传记文学》中提到一群游客目睹湍流而惊呼“多美啊！”，他反对这种对令人惊叹的奇观的模糊描述。在这个情景中，退化的词语“多美啊！”无疑使整个生动景象黯然失色。然而，语言表述确实面临一个真正的困难。词语总的来说是用来指示有用的特性的。但是，怎样运用语言来激发重要性所依赖的普遍性呢？伟大的文学作品的功能之一就是唤起隐含于文字之后的生动情感。

3. 不幸的是，就哲学而言，知识更倾向于细节化。尽管在试图把握基本前提，如“重要性”和“事实性”的区别时，我们必须借助于继承来的知识，但随着智力的增长，我们往往忽略一项重大原则，那就是：要习得新知，必须先让自己摆脱其束缚。我们必须先粗略地把握主题，然后才能开始打磨和塑造知识框架。例如约翰·斯图亚特·密尔的思维就受到了其特殊教育的影响，使他在享受任何相关经历之前都要先构建起一个体系。因此他的思维体系是封闭的。我们要有体系，但体系应该是开放的。换言之，我们应当保持对体系局限性的敏感度。在现有体系之外总会有模糊之处，留待细节的深入。

在欧美现代西方文明的细节化思想中所隐含着的普遍观念大多脱胎于古希腊人、古闪族人以及古埃及人流传给我们的基本观念。这三种来源都强调我们周遭世界的事实性。但他们着力强调的重要性的重点，正如我们所继承下来的，却各有不同。古希腊人身上留给我们的多关乎美学和逻辑，闪族人多关乎道德和宗教，而古埃及人则关乎实用。希腊人向我们赠予享乐，闪族人赠予崇拜，而埃及人则留下实际观察。

但是，地中海东部的文明遗产具有其特殊形态。我们视重要性为宇宙中的普遍因素，这一观念即拘囿于此。现代哲学的首要任务就是先从古代世界的思维中把重要性和事实剥离出来。

事实性是一个单纯存在的概念。但当我们试图把握这一概念时，它又会有多种存在形式的从属概念之分，例如，幻想的存在或真实的存在，以及许多其他形式。因此，存在的概念还包括存在的环境概念与存在的类型概念。任何一种存在都包含了与其相联系，并超越其外的其他存在的概念。这一环境的概念引出了“多和少”的概念和杂多性概念。

重要性的概念也指代重要性等级和重要性类型。这里，我们又要触碰到“多和少”的概念。总会有些事物必须是重要的，虚无中不存在重要性。因此，重要性将我们引回到事实性上。但事实性具有的多重性使得我们处理它时只能选择有限的一部分。这种“选择”要求“要这个不要那个”的观念。因此，心智自由源自于选择，而做出选择要求认知事物的相对重要性，只有这样才能确定事物的意义。因此，重要性、选择和理智自由是息息相关的，这三者都与事实性相关。

我们现在又回到事实性上来。让我们再思量一下。环境从任何物理维度上都凌驾于我们之上。因此，事实性多少带有一种强制性决定论的色彩。地球在旋转，我们也随之移动，感知日夜交替是我们生活中的首要需求。第一个提出午夜也有太阳的罗马人不相信这一点，他受过良好的教育，很清楚自然界的必然性。按照此种方式，可能会夸大自然界的必然性。但同样，无论从哪种意义上而言，这种必然性始终存在。同理，选择的概念中预设的自由无论在哪种意义上也始终存在。于此，我们发现一个阐释体系哲学的价值的例证。因为我们要么需要解释自由和必然性共存的多重意义，要么需要阐明日常所思中最明显的预设前提。

4. 让我们从另一个角度审视事实性和重要性这两个话题。

当我们思考单纯存在的习惯时，单纯事实性的概念就会出现，目的是与外部活动的必要性相协调。这是对于我们，以及万物所处自然界周遭发生之事的一种辨知。这一概念源于此观念：我们将自身视为一种过程，参与到凌驾于我们之上的过程中去。这种对于事实性的理解是思维的一个极端。换句话说，即被搅动的（agitated）事物的单纯搅动概念。

这是自然科学的理想，也是那些坚信客观性的独有重要性的人们的潜在理想。

重要性理念在文明思想中同样占据主导地位。给这个理念下一个不那么充分的定义，即“一种兴趣，能够达到激发公开表达所需要的那种个人感觉强度”。在此，我们涉及了下一讲的话题。这个定义之所以不充分是因为重要性包含两方面；一方面以宇宙统一性为基础，另一方面以细节的单独存在性为基础。“兴趣”这个词强调后者；而“重要性”倾向于前者。从某种意义上而言，兴趣总在改造着表达。因此，为了提醒我们重要性的这一方面，我们会偶尔用“兴趣”这个词作为其同义词。但重要性是一个基本概念，任何有限数量的其他因素都不能充分解释它。

重要性概念作为一种清晰的思维，与“事实”这个概念相悖。一种合理的技术分析步骤是无视任何关乎兴趣的主观判断。但重要性概念正如自然本身：无论你用干草叉如何驱赶，它仍会回来。热忱地支持科学思想的客观性的人们坚信这种重要性。实际上，“拥护一种理论”本身就是一种坚持。如果没有兴趣感，你仅仅会注意到一种理论而不会去拥护它。寻求真理的热情是以兴趣为前提的。同样，持久的观察也是以兴趣为前提。因为注意力的集中意味着摒弃无关事物：而这种摒弃只能依赖某种意义上的重要性来维系。

因此，重要性（或兴趣）植根于感性经验的客观存在中。

当重要性失去主导地位时，经验会变得平凡琐碎，趋向虚无。

5. 事实性概念是抽象化思维所取得的成就，婴幼儿和动物不具备这种明确的思维。婴幼儿和动物关注的是自身需求，这种需求投射到整体环境中。也就是说，他们沉浸在对于外在性细节的兴趣之中。这些细节中的抽象化痕迹甚微。一个孤立的事实就是有限思维所需的原始神话，因为思维纵贯不了整体。

当事实缺位时，这种神话的特质就会出现。联系性是各类型事物的根本，也是各种互为关联的类型的根本。若从联系性中进行抽象化，需要去除所虑事实的一个要素。任何一件事实都不仅仅是其本身。我们有一种超越神话学，即超越孤立神话的错觉， 而处于鼎盛时期的文学艺术的渗透力随之产生。

鉴于此，当考虑每一桩事实时，都须以事实存在所必需的同格环境 (environmental coordination) 为隐含前提。这一同格环境是这桩事实视域中的整个宇宙。但是，视域具有相关性的等级渐变；也就是说，视域是重要性的等级渐变。感觉是将宇宙归纳为事实视域的载体。在每一桩事实的结构中，若除却感觉的等级渐变，无限的细节会产生无数的结果。这些便是当我们摒弃感觉后所提及的所有。但我们对于这些结果的感受不同，因此，我们将其归结为一种视域。“可忽略”意味着“对于感觉的同格来说可忽略”。因此，视域是感觉的产物；可依据关乎各类区分的兴趣感对感觉进行分级。

依据此方法，有限的智慧可以研究包含有限事实的神话。倘若我们能够记住自身所为，这一步骤方法是无可指摘的。我们一直在将一种无法从整体上进行定义的环境作为前提。例如，科学只要忽视了这种局限性就会出错。逻辑赖以产生的各类前提相互结合，这种结合依据的假定是：这些前提中各类隐含假定的结合不会产生困难。无论在科学领域还是逻辑学领域，你只要充分展开论证，或早或晚都会陷入矛盾中，要么是论证内部的矛盾，要么是论证所关乎外部事实的矛盾。

从欧洲科学史判断，大量能人志士三四千年的持续思考足以揭示隐含于逻辑向度（logical train of thought）中的某些矛盾。对于自然科学而言，牛顿理论虽不完善，但存在了三百年之久。而现代科学系统的存在时间约为三十年。欧洲哲学之父在其众多思维方式之一中提出了如下公理：神话的阴影必会遮蔽更深层次的真理。之后的西方思想史无疑充分印证了他的这个转瞬间的直觉。

值得注意的是从“错误”这个术语的广义层面而言，这些逻辑的和科学的神话无一是错误的。神话并不完善，其隐含的假定会限定其事实性；随着时间的流逝，我们会发现其中的一些局限性。只简单地运用“正确”和“错误”这两个概念是理解取得进步的主要障碍之一。

6. 因此，重要性的特征之一在于它是感觉的一方面，凭此，我们将一种视域加于所感知事物的宇宙之上。在更自觉地理解这个概念时，我们开始意识到需要依据兴趣程度来区分相关事物的效用等级。依据此方式，我们搁置某些事，关注某些事，在毋需强调意识注意的情况下完成必要的活动。重要性和视域这两个概念密不可分。

我们完全可以诘问，是否视域理论并非试图将重要性概念归结为单纯的事实性而不包涵内在的兴趣。当然，这种归结是不可能的。但可以这样说，视域是对所感知事物的活生生的重要性进行了死板的事实性抽象。具体的真理是兴趣的变异；抽象是视域中的宇宙；随之而起的科学则是同各类隐含预设一道，表达普通人类所观察到的视域模式的物理定律图标。

重要性是一个种概念，其含义被下属无数属概念中占主导优势的少数几个概念弄得模糊不清。“道德”“逻辑”“宗教”“艺术”这些术语都曾被断言能够囊括重要性的全部含义。每一个术语都是一个属概念。但是种概念的含义远超出各类属概念的任一有限组合。世间亦存在与道德无关、与逻辑无关、与宗教无关、与艺术无关的整个领域的视域。由于此种错误的局限性，呈现融入自然过程这一终极目标的活动会被弱化，只用来维系道德观念、思维规则、神秘情感或美学欣赏。这些专业化术语无一能够穷尽式表述世间目标的终极统一性。过程的种概念旨在获取重要性，这种重要性可能在那个种概念中达到那个程度的那种情况中存在。

诚然，“重要性”一词在通常使用中已弱化成一种多少有些愚蠢的傲慢，这使其含义极端琐碎化。这对于哲学讨论来说是一个永久性难题；也就是说，词语的含义必须超越其在市场中的普通含义。但尽管面临这样的难题，哲学必须以日常生活中的预设和解释作为依据。当我们刚接触哲学时，不应依靠学习，而应依靠由日常文明社会关系产生的淳朴观念。

我将用一件趣事来阐明这个理论，这件事向我例证了道德考量的无关性。大约十一年前，我的一位少年朋友迎来了她的十岁生日。我不能保证这些数字的精准性。总之，这位少女现在已经二十岁了，而且我们的友谊日益深厚。这个小女孩的姑祖母带她去看英文歌剧《卡门》的日场演出以庆祝她的生日。同时，姑祖母允许她挑选两位同伴作陪。她选择了另一个小女孩和——我很自豪地说——我。演出结束后当我们走出剧院时，她抬起头望着她的姑祖母说："姑祖母，你认为那些人是真正的好人吗？"我和姑祖母以找寻回家的车为由岔开了话题。

在这里我想要说的一点是我们在剧院所享受的乐趣与适用于表演中的道德考量无关。当然走私犯们是无规矩之人，卡门也是一个不拘小节的人。但是当他们在舞台上载歌载舞时，道德感消失了，只剩下美。

我并不是说道德考量与舞台一向不相关。实际上，道德考量有时会成为戏剧，尤其是现代戏剧的中心主题。但是，音乐、舞蹈和华美舞台的存在使道德感退却，这是一个使哲学家兴趣倍增而审查官困惑不已的事实。

7. 问题在于道德准则与关乎宇宙系统特征的那些预设相关联。当这个预设不适用时，那项特殊准则便会成为对于抽象的无关事物的空洞表达。我们通过保留其文字表述来规避关于准则的这个难题，这种表述由于千百年来社会的变化而产生了语义的变更。同时，翻译中难以避免的不完善性有助于产生这种规避。译文只有放在翻译者所处的时代背景下才能产生意义。若认为特定自然法则和特定道德规则具有绝对稳定性，那么这个观念是损及众多哲理的最初始的假象。

例如，试想一下将我们关于家庭关系的道德观念应用到类似鱼类这种每年产出成百上千颗鱼卵的生物。

绝不能扩大关于道德规则的这一结论，使其达到否定“道德”一词的任何意义。同理，在一个国家内的行为的合法性观念使完整的法规编纂失去可能性。自动装置绝不能取代法律这种工作。

道德在于控制过程，将重要性最大化，并在各个维度上实现经验的伟大目的。我们很难理解这个观念，它关乎经验维度、各维度的重要性以及重要性的最终统一性。

但是到目前为止，只要我们能够将其勾勒出来，就能领会道德这个概念。道德总是旨在将和谐、强度和生动性相统一，以完善此种情境下的重要性。编撰法典使我们能够超越自身此时此刻的洞察力。这些法典包含了对那一时代日常情境有效的常规判断，对于文明是有益的，甚至是至关重要的。但如果我们夸大这些法典的地位，只会削弱其影响力。

以十诫为例。我们真的可以坚信七天一次——而非六天或八天一次——的安息日是一条宇宙的终极道德法则吗？我们真的可以认为周日不能做任何的工作吗？我们真的可以认为以日为单位来划分时间是一切存在本质中的一个绝对因素吗？显然，戒律须借由常识加以诠释。换言之，戒律是行为之准则，除非有特殊原因，否则最好在日常情境中遵循它。

世间没有任何一套行为体系属于宇宙的本质特征，可作为通行的道德理想。能够通行意味着一经采用，便应渗透进任何的行为系统。因此，道德并不通过神话的抽象来指出人们应该做什么。道德关注的是一般理想，这种理想应该成为任何特定目标的理由和依据。毁灭一个人、一只昆虫、一棵树或帕台农神殿可能是道德的或非道德的。十诫告诉我们在绝大多数情况下最好避免这样的屠杀。在这些特例中，我们避免使用“谋杀”这个词。无论我们破坏抑或保护，只要依据世界历史的具体事例而言，我们捍卫了经验的重要性，那么此行为就是道德的。

8. 思想的巨大进步往往是侥幸犯错的结果，而这些错误则是过分简单化的结果。这种进步源于如下事实：超越暂时与使用简单化概念无关。亚里士多德分析了种属概念和亚属概念，这是此事实的主要例证之一。他的分析自此厘清了思想，是最美好的想法之一。柏拉图关于“分有（division）”的理论是一种模糊而朦胧的预知。他感受到了其价值所在。由于缺乏充分的明确性，这个理论并没有那么完美。在明智之士看来，亚里士多德的分析模式是两千年来标志理性进步的一种根本特征。

当然，柏拉图是对的，而亚里士多德是错的。在种概念中不存在清晰的分有，在属概念中不存在清晰的分有，在任何地方都不存在清晰的分有。也就是说，当你将自身观察推升到超出其依赖的预设时，就不存在清晰的分有。但是，我们却恰恰总是在有限的范围内思考。

作为一个实际问题，亚里士多德是对的，而柏拉图是糊涂的。但是，无论是亚里士多德还是柏拉图，他们都没有充分考虑到必须探究重要性感觉所具备的独一特性，这个特性流行于每一时代的思潮中。一切分类都依据重要性的当下特征。

我们身负三四千年人类文明的详细历史信息。希腊人（正如修昔得底斯所揭示的）除了几乎同时期的两三代人之外都不了解历史。埃及人和犹太人盲目地崇尚悠久的历史。如果知晓历史，希腊人会批判历史；如果不崇尚历史记载，犹太人会批判历史；如果不是一些将自身拘囿于“纯历史”的明智之人，埃及人也会批判历史。运用同样的良好判断力，埃及人并未能推广其几何知识，因此丧失了成为现代文明奠基者的机会。过度使用常识有其弊端所在。希腊人以其空想的概括，一直处于如孩童般天真的状态中——这对于现代世界是一大幸事。对于错误的恐慌会扼杀进步；而对于真理的热爱则是进步的保障。

9. 鉴于这些原因，对于历史的思辨就成了四个世纪以来现代世界的事了。当然，这不是突然开始的。在较古老的文学作品中总能找到思辨的影子。然而，现代思想对于历史的关注也是非常值得注意的，这是一个不争的事实。思辨本身历经了多个阶段。

第一个阶段强调记载的事实性。主要论题是诸如“是柏拉图写了这篇对话吗？”“是康士坦丁国王进行了布施吗？”等问题。当这个纠错阶段进入到细节时，就进入了“校勘”阶段。“这份《埃涅伊特》的手稿是弗吉尔写的正版吗？”，这是一个非常明确的问题。但是荷马与《伊利亚特》的关联就模糊不清了。也许荷马和他的同伴不会写字。即使会写，他们也不太可能写下《伊利亚特》。莎草纸很稀有，而且与其相比记住这首诗是件更容易的事。因此，此诗经由一群群吟游诗人之口代代相传，他们不计较一些细微改动。后来，我们就有了对此文本的正式修订的记录。类似的模糊性同样适用于所有社会事物的概念。因此，准确记录这个观念有其局限性。

历史现在进入到另一阶段，正展现着行为的转变。西方历史学家正在描绘各类活动类型、情绪类型和经过系统阐述的信念的类型。这些类型体现于欧洲民族的冒险活动中，他们先跨越欧洲，然后是美洲以及各大洲和岛屿的边缘。这种重点的变化在十八世纪尤为明显地显现出来。

例如，1742 年，本特利去世，他是具有代表性的学术评论家；而 1737 年，吉本出生，他追溯了一个政治体系的衰落并研究了推动活动的动机变体。吉本没有校勘过任何作者的书籍版本，本特利也没有描绘过任何行为的转变。在欧洲，1707 年去世的马比伦和 1694 年出生的伏尔泰标志着这种变化。当然，各个历史阶段会有部分重合。我说的是一些主要兴趣。在更早的时期，即使是散漫的人文主义者伊拉斯谟也发表了精确的作品。而在十九世纪，人们更追求历史叙述而非版本精确。当然，这些变化都是有原因的，而且所有类型的历史学识都是共存的。

在自然科学的影响下，历史目前的任务更多地局限于叙述单纯的连续事件。这种知识的理想是事实性的胜利。正如所承认的那样，这种对因果关系的提示局限于对于物质事物的陈述，如经济动机。

这样的历史只局限于抽象的神话之中，排除了动机的多样性。如若不去估量和判断宗教信仰的动力，你便无法写就宗教发展史。天主教会的发展历史不仅仅是前后行为的发生史，更暗示了一种源于思维方式的因果关系模式。

因此，仅仅将历史作为前后相续的事件来进行的研究慢慢失去了活力，成为一种人为制造的信念。事实浩瀚如海。我们在各个时代占主导地位的重要性的特殊形式中寻求同格的线索。离开了这种内化于每个时期的兴趣，就不会有语言，不会有艺术，不会有英雄主义，也不会有奉献精神。理想虽存在于事实性之外，却使其发展多姿多彩。

10. 事实性是一种抽象，将思想限制于纯形式关系，并将其假托为终极现实。这就是为什么科学，在其极致状态下，退化为对于微分方程的研究。而具体的世界从科学的网眼中漏网逃脱。

以测量的科学概念为例。我们能够通过权衡欧洲的独裁者、内阁总理和报刊编辑来阐明欧洲的混乱局面吗？虽然能够获取一些相关信息，但这个想法依然荒谬。我不是主张科学的无关联性。这种理论是愚蠢的。例如，上述提及的每日人体体温记录可能是有益处的。我的意思是说这类信息不够完善。

每一种社会制度实现着各种不同方式的兴趣，有些处于主导地位，有些处于次要地位。十八世纪并不仅仅是理性的时代，十六世纪也不仅仅是宗教狂热的时代。例如，如果不参照美国、印度和土耳其的情况，不参照民族主义的兴起以及近来印刷术的普及情况，只单纯研究宗教改革的混乱局面，这是很可笑的。这些因素的关联性在于改造了当下主流的重要性的方式，这种方式与宗教兴趣相互交织。

由于宗教和道德的波折无常的历史，人们撇开对宗教和道德的广泛期望而推崇科学那较为稳定的普遍性。不幸的是，由于这种自鸣得意，人们将宇宙视作平凡事物的体现，这必然对美学、宗教和道德观念产生影响。这些观念既是破坏又是促进文明的力量，迫使人类起起伏伏。当其活力消退，一种慢性的衰退随之而来，新的理想接踵而至，并将社会行为的能量增长纳入其中。

注重事实性意味着将枯燥气味的东西放在首位。如要取得这样的胜利，需要习得一种逃离世事、与世隔绝的品质，这种品质避而不谈本质联系，诸如通过探究宇宙对个体经验的影响来揭示宇宙奥秘。

第二讲
表达

这一讲主要关注"表达"这个概念所涉及的各类观点。重要性这个更为广泛的概念是以表达为前提的。有些事情会在环境中扩散，进而产生影响。但这两个概念是有区别的。当提及宇宙时，重要性主要持一元论观点。重要性，如果局限于有限的个体情境，便不再重要了。从某种意义上说，重要性是从有限中推导出无限的内涵。

但表达是依据有限情境的，是有限性印记于环境之上的活动。因此，表达源于有限性，于众多超越其自身的同类者之中代表着有限性的内涵。这两者，即重要性和表达，共同见证了宇宙的一元特性和多元特性。重要性从一元世界进入多元世界；而表达则是多元世界赠予一元世界的礼物。

选择从属于表达。有限事物的态势制约着环境。有一种实施主体形成了自身独特的视域，植入了周围的世界。自然法则是巨大的平均效应，统领着客观世界。然而，表达与平均无关。表达在本质上是个体化的。一旦平均处于主导地位，表达就会黯然失色。

表达是在环境中传播最初存在于表达者经验中的事物。这不一定需要有意识的决心，只需要传播的推动力。这种推动力是动物本性中最简单的特征之一，是我们对于外部世界进行预设的最基本的证明。

实际上，外部世界与我们的本性如此紧密地相交错，以至于我们会无意识地将对于世界更生动的视域与自身同一起来。例如，身体处在我们自身个体存在之外，但身体也是存在的一部分。我们将自身视作与身体上的生命如此紧密交织在一起，以至于人就是身体与心灵的复合统一体。但是，身体是外部世界的一部分，与之一同持续。实际上，正如任何别的事物（一条河、一座山、一朵云）一样，身体是自然界的一部分。而且，如果我们做到吹毛求疵般的精确，那么我们就不能确定身体始于何处，而外部世界终于何处。

试分析一颗微粒。它是自然的一部分，任意飘动了百万年。也许，它始于一片遥远星云。这颗微粒进入身体内，可能作为某些食用植物中的一个因素；或借由空气的一部分进入肺部。在那一瞬间它进入口腔，或被皮肤吸收的那一瞬间，它是身体的一部分吗？之后，在那一瞬间它不再是身体的一部分？在这类问题上是不可能谈及精确性的。只能在琐细的规范中来获得精确性。

因此，我们就得到了身体的定义：人体是世界中的一片区域，是作为人类表达的原始场（primary field）。

例如，愤怒会导致身体兴奋，并以恰当的语言方式或其他暴力行为的方式公之于众。我们可以将这个课题留待生理学各部门的生理学家去分析，探究因此而引发的特殊类型的身体功能。哲学家应当力戒侵犯专门研究。他们的职责是指出可供研究的领域。多个世纪以来尚有一些领域未得到开拓，要么是因为缺乏卓有成效的开端，要么是因为从来没有人对这些领域感兴趣。

目前，我们已经对动物身体——即高等动物——进行了定义，并指出所需的研究类型。当然，虽然人类已经从事这项工作几千年了，仍不能充分理解其意。哲学的任务是引发这种意识，并将所有的专业探究整合起来。

到目前为止，我们一直探究的是拥有感觉和表达显性中枢的动物身体。现在我们可以将所有动植物活体包含进来，进而将这个概念拓展为：

身体是自然界中的任何区域，只要身体自身是从其各部分发出的表达的主战场，那么它就是有生命的。

在这个定义中，“从其各部分发出的表达”替代了之前使用的“人类表达”。这个新定义比第一个范围更广，超出了人类和高等动物的限制。另外，值得注意的是这些定义否定了行为主义的任何极端形式。在行为主义理论中，我们必须摒弃重要性和表达，因为我们永远不能明智地运用它们。一个坚定的行为主义者感觉不到反驳我的陈述的重要性。他只会行动。

高等动物的身体具有两个方面，而到目前为止我们只提及了其中一方面。第二个更广泛的定义使我们得以区分植物和动物的生命。与其他区别一样，我们不能要求这种区别具有精致的准确性。对动物而言，存在一种通过身体来进行自我表达的经验。但这仅仅是故事的一半。

另一半是这样的：身体是由各种经验中枢构成的，这些中枢将表达加之于彼此。感受（在这里所用到的意义），或理解，是对表达的接受。因此动物身体是由互相表达和感受的实体构成的。表达是散播在环境中的感受材料；而一个生命体可以紧密调节经验的两方面（即表达和感受）。由于这种组织结构，那个高级实体产生了经过调整后的多样感受，成了体验主体的一个动物。

因此，这个动物，以及其身体的各个部分可被视为自身的感受中枢，在一定意义上处于同等水平。也就是说，身体的各部分都是能够相互生动表达自身的感受中枢，并主要通过这种相互表达获取自身感受。

从另一种意义上说，相对于其他的身体中枢，动物的感受中枢处在一个更高的层面上。因为，这些次级中枢是专门化的，只接收严格分类的情绪感受，而对于其他类型无动于衷。整个身体内存在一种复杂的协调系统，包含大量多样的情绪类型。身体组织是这样的：作为具有感觉力的感受统一体，这类动物从这些身体活动中接收到复杂多样的体验。因此，相较于身体其他中枢的相应材料，动物中枢的综合感受材料处在一个更高的层面。

在植物的例子中，我们发现其身体组织明显缺乏一种更具复杂性的经验中枢，中枢中要么具有已接受的表达要么具有先天材料。植物组织犹如一个民主体制；而动物是由一个或多个经验中枢所主导的。但是，这种主导形式是受限的，受到非常严格的限制。中枢主导者的表达与其对从身体中接受材料的理解相关。

因此，动物的身体展现了一种有限的主导，支配着至少一种表达的组成活动。如果这个主导活动与身体其他部分分割开来，整个的协调同一性就会崩塌瓦解，动物就会死亡。然而，在植物的例子中，其民主体制可以分解为一些小的民主制，在功能表达没有出现明显损失时可以很容易地存活下来。

很明显，我们的陈述过于简单化了。首先，动物和植物并非截然不同。在植物身上也能找到一些支配形式，而在动物身上也能发现一些民主独立形式。例如，动物身体的一些部分在与身体割裂之后也能保持生命活动，但其生存能力和能量多样性会衰竭。而即便有这种衰竭，植物仍会展现出平等和独立的特性。因此，我们将各类令人眼花缭乱的身体结构称作“生物”，而普通植物和高等动物代表了其中的两个极端。

其次，我们疏于区分动物和植物中相类似的功能。在植物这个例子中，通过普通观察是能够明确区分根、茎、叶、花和种子的。而植物学家通过细致的观察，为这些显性差别补充了上百种构成植物生命生理机能的其他活动。

当我们转而探究动物身体时，需要限定“控制经验的唯一主导性”这个概念。许多次级载体能够基本控制身体机能，心脏就是其中之一。与脚部相比，心脏活动是身体存活的必备条件。一只脚若断裂，内部机能会受到轻微损害；但心脏是最重要的。因此，最高等动物的身体类似于由一位君主统治的封建社会。

动物智慧的终极统一体也是对新情况的反应器官，是做出必要的新反应的器官。最终，君主退而将例行常规施加于次级官员，如心脏。动物生命能够运用常规手段应对常规的新情况。但是，这个指导原则缺乏巨大的力量去应对任何突如其来的重大新情况。

高等动物的身体有些类似于昆虫（如蚂蚁）的复杂社会。但是较于群体而言，个体昆虫似乎具有更强大的问题适应能力。动物界与之相反。例如，相较于其体内活动的心脏而言，一条聪明的狗更能适应新的生活方式。这条狗能够接受训练，但它的心脏却必须在极其有限的范围内自行其是。

2. 当我们提及人类时，自然界似乎突破了另一条界限。享受和表达的中枢活动在多样功能的重要性方面接受了一个彻底的改变。人类心理世界的一个主要因素就是概念性采纳未实现的可能性。以此种方式，引入了令人惊异的新事物，这些新事物有时被美化，有时被诅咒，而有时被专利或版权保护。人类被定义为：这个种的动物，通过与新事物的联系去发展其中枢活动。这种关系包含两方面：新事物来自于身体表达的总体多样性；新事物需要决定将自身简化为连贯表达。

其次，可以通过采纳未表达的可能性而引入新感受，这放大了人类的概念经验。这种概念性感觉的特征，是感知可能会存在的和可能已经存在的事物。这种感知是一种取舍，在其发展的最高阶段，会成为对于理想的采纳。正如前一讲讨论的，这种感知强调重要性，在各类种概念中都有所展现。例如，道德感，宗教神秘感，调节的微妙感——即美，相互联系的必要感——即理解，以及每一个因素的区别感——即意识。

同时，感觉的本质是进入表达。因此，各类感觉表达产生了区别于动物行为叙述的人类历史。历史是记载人类特有的感觉的表达。

但是，动物与人类之间的转化存在多个等级。在动物身上我们能够观察到的情绪感受，主要源于身体机能，但也掺杂着目的、希望和源于概念机能的表达。人类似乎仍旧主要依赖身体机能。但是，人类的生命通过未实现的理想来塑造目标并指导行为，以实现其价值和重要性。在某种意义上而言，人类和动物的区别仅仅是程度的差异。但程度不同会产生巨大差别。正如跨越卢比孔河一样，一旦越界，万事皆不同。

因此，在自然界我们发现四种现实事物的集合体：最初级是非生命结合体，其相互的影响主要体现为形式科学（如数学）表达的一种形式特征。平均性占据着无机界，各部分缺乏个体性表达。即使迸发了选择的火花，也是分散而无效的。平均性的各个部分仅传递平均表达；因而，其构造能够存活下来。因为这种平均性总是存在，扼杀了个体性。

植物等级体现了一种民主制，由各部分产生的目的性影响构成。有机体的首要目的就是使其协调的个体表现力存活下来。这种表现力具有极大的平均性。但是身体组织的错杂性支配着这种平均性的本质，将协调有机的个体性加入到无机本性的客观平均形式。无生命物质中隐藏的潜能在植物中被唤醒，并得到了部分实现。但在每一个关于植物的例子中，整体身体机能都严格地限制着各部分的个体性表达。

动物等级包含至少一种中枢现实，由复杂的身体机能支撑，展现出超越单纯生存目的的目标（尽管微弱）。对于动物生命而言，重要性概念（就其众多区别中的某些区别而言）具有真实关联性。动物生命中的人类等级将此概念无限扩大化，从而引入了对各类重要性而言极其必要的新机能。因此，道德和宗教应运而生，成为推动力的两个方面，促发人类在所有情境下追求最佳。在高等动物中可以识别出道德，但不能识别出宗教。道德强调具体情境；但宗教强调宇宙固有的理想统一。

在社会集合的每一个级别，从非生命的物质社会到人体，都存在着表达的必要性。正是因为平均性表达和接受的存在，自然法则才能够统辖单纯物质体的平均行为，实现一致性。正是由于个体性表达和接受的存在，人体才能展现人类活动，表达内心感受（情绪的和有目的的）。

3. 这些身体的活动多样且极具选择性。一个生气的人，除非此情绪淹没了其他的感受，否则不会轻易向宇宙挥舞他的拳头。他做出一种选择，打倒邻居。然而一块岩石只能依据引力定律不偏不倚地吸引着宇宙。

自然科学的无偏性使其无法成为动物行为的唯一解释者。确实，岩石会落在一块特定的土地上。这是因为周边的宇宙例证了微分方程的一种特定解法。寻求宇宙中新特征的情绪支配着那个人的拳头，这种情绪就是对手的失败。在岩石的例子中，普遍规律起到了支配作用。而在那个人的例子中，需从个人满意程度中寻求解释。形态限制了这些享受，但是享受的多少与其强度相称，这些享受超越形式并引入个性化表达。

第一个体现高等动物中享受的选择性的例子便是意识。意识产生于与生理机能活动相协调的表达。有一种毫无根据的说法：我们能有意识地观察支配周边世界的自然活动。但情况恰恰相反。感觉意识并不易于辨别其对复杂的身体机能的依赖。这种辨别往往是一种身体不健康的表现。当我们开始观察身体内脏机能时，那就意味着出问题了。我们认为身体的无限复杂性是理所当然的。

认识论的首要原则应该是：意识观察的主要论题是我们与自然界关系中所具有的那些可变的、易变的方面。这只是常识，因为我们能够为其做些事情。有机物之所以能够长久延续是因为自身的动量：我们的心脏跳动，肺部呼吸空气，血液循环，胃部消化。这种延续需要高级思维来关注此类基本活动。

高级动物进化出与自然界之间的显性关系，例如视觉、听觉、嗅觉和味觉。同时，这种关系可做出改变，与其高端性质相称。例如，我们只需闭上眼睛，视觉体验就会消失。我们遮住耳朵，就不会听到声音了。

作为精密科学基础的体验是完全显性的。即便被夺去了人类生活的手杖，盲人和聋人也能够最终成就人类生命的伟大。公路上的交通信号灯对于现代目标的实现是有益的。然而，即便没有机动车和信号灯，也存在伟大文明。

虽然这些感觉体验之中的任何一种对于机体的存在而言都不是必不可少的，但其整体对于动物生命高等形式的发展更是不可或缺的。人类和具有类似能力的动物之间的差别在于引入新事物的能力。这需要概念能力去想象，需要实践能力去产生效用。感觉体验是便于驾驭的，这个事实体现了其作用。

动物引发和加强了与自然界联系的显性方面，因此掌控了世界，使其易于驾驭。作为机体中枢，人类心灵主要关注人类存在的细微琐事，不会轻易深入考虑身体基本机能的活动。心灵不会关注人体对植物性食物的消化，而会抓住洒落在树叶上的光影。心灵滋养着诗歌。人类是宇宙的孩子，怀有懵懂的进取心和非理性的希望。一棵树固守其生存的单纯目标，而有些许差异的牡蛎也是如此。通过这种方法，生命进而成为人类，其目标从生存进而成为多姿多彩的有价值的体验。

哲学的隐患在于只关注这些易驾驭的关系，而忽略了自然界的内在必然。因此，思想家拒绝处理我们内心的模糊经验，而更愿意只处理明确的感觉，并附加一个有关根本现实的寓言。我现在认为，我们的全部经验包括与其他事物的关系，以及将要到来的事物的新型关系结构形式。现在继承了过去，建构了未来。但是持久性和强制稳定性都是分等级的。

世代以来，存在一种思想，试图将我们的终极见解解释为对感觉印象的单纯理解。实际上这种思想派别可追溯至伊壁鸠鲁，大家可参考柏拉图的部分语句。我建议：可以将哲学理解的基础比拟为一种努力，可以认为现代文明的社会学是从主路信号灯衍生出来的。这些信号灯调度车辆的行驶，但并不是交通行驶的原因。常识如此压倒性地补充这一结论以至于不再需要任何说明。

十九世纪流行的认识论否认的正是这种直接的见解，即在细节上虽模糊，然而是所有理性的基础。兴趣和重要性是精确区分感受材料的主要原因。交通信号灯是交通的产物。

重要性产生兴趣，兴趣导致区分。通过这种方式，兴趣被提升；这两个因素（兴趣和区分）相互激励。最终，意识得到逐渐和间歇式的发展，并成为另一种催化剂。

4. 在这一讲中，主题是表达。因此，我们现在讨论一个关于方式的突出范例，通过此种方式，人类将与世界中可驾驭的联系构建成一种表达。语言是人类的天才的胜利，甚至超越了现代科技的复杂程度。语言讲述了延绵数万年的广泛智慧。有趣的是在视力和听力这两者中，听力是最先发展的介质。手势语言可能早已经存在。实际上，这种语言是有迹可循的。人们使用手势语时不能同时做很多其他事，这是手势语的弱点。但当我们发出声音时四肢是可以自由活动的，这是声音的优势。

但是，我们不自觉地依赖声音进行表达还有更深层的原因。手和臂构成了身体相对不那么必要的部分，没有它们我们也能存活。手和臂与身体的存在并不休戚相关。然而，发出声音时，需启用肺部和喉咙。因此，讲话时，当显性的易驾驭的表达散播开来时，也激发了其机能存在的内在模糊感。因此，发声是有机体存在的深层经验的天然等级。

这种真实感对于符号学的有效性至关重要。个人访谈要比留声机录音更有分量。如果五十部留声机和几千张录音唱片能够取代大学的教员，那是一件多么节约的事情呀！实际上，我们曾预计在十六世纪，印刷书籍会取代大学。但恰恰相反，十六和十七世纪是教育的基础发展得最为活跃的时期。真实感永远不会仅仅依靠感受材料（无论是听觉或视觉材料）而得到充分延续。存在的联系性所涉及的是理解的本质。

语言具备两大功能：与他人交谈和与自己交谈。后者经常被忽略，因此我们先来研究它。语言是一个人从过去到现在的表达，是感受材料在当下的再现，这种材料与过去的真实紧密相连。因此，借由明确的感受材料，过去的经验在当下被清晰呈现。依照此种方式，语言赠予我们一份能够清晰表达的记忆，是一个人过去的自己对现在的自己的一种表达。

其次，借由一种共同语言，通过接收说者的连贯句子，听者过去的蕴含于词语中的碎片化体验能够重组成一个崭新的想象体验。因此，在语言的两大功能中，即时的想象体验都能够获得极大的增加，并带有实现或可能实现的标识。

当我们考察语言的内容，也就是语言所代表的体验时，值得注意的是语言与高级感觉的抽象之间产生了极大的偏离。语言的意义假定现实事件之间的具体关系存在并互为起因。大部分句子，特别是那些记录更简单经验的句子中依附着一种东西，笛卡尔在其《形而上学的沉思》一书中将其称之为“客观实在”。

例如，细想一下本讲开头提到的那个将邻居打倒的愤怒之人的平常例子。我们每个人对于这个场景都会勾勒出一幅形象化的图景想象。但是，我们思维的本质不是想象的感觉之流的不断变化。一个事件能够以千百种方式形成感觉模式：既可在白天，也可在夜晚；既可在街道上，也可在家里。对于胜利者和失败者的各种态度都是无偏的。然而，在所有的这些模糊感受材料中，事件的持续变化过程是确定的，愤怒之人的拳头完全扰乱了被打者稳定的身体机能。确定下来的不是感觉的不断变化，而是作为愤怒之人表现结果的身体的摔倒。

一个人发怒无疑也会影响其自身的身体机能。运用显微镜进行的细致的生理学检查会给观察者提供许多视觉感受材料。我们再一次回想一下由“打倒他人的男子”这个观念而产生的多种感性图像。是什么将这些图像捆绑在一起的呢？图像本身不过是视觉材料的不同组成部分。在所暗示的世界中，连接过程的类型构成了这些图像的统一体。

除却这个特定的例子，由同一行为产生的不同感觉经验是具有统一性的，即存在于行为特性中的统一性。可以通过各种语言，也可以依赖视觉和听觉这类感受材料的不同转化来进行描述和解释，但是这些方式都指的是同一行为。这个行为也可能不是纯物理性的。英雄主义、勇气、爱恨情仇都可能描绘发生的事情的特征。

语言的本质在于利用经验中那些最容易从意识中抽象出来并最容易在经验中再现的因素。经过人类的长期使用，这些因素与其含义产生联系，包含了大量各类人类经验。每种语言都传承着一种历史传统。每种语言都是其社会系统的文明表达。语言是表达的系统化。

在所有表达思维的方式中，语言无疑是最重要的。人们甚至这样认为，语言即是思维，而思维也是语言。因此一个句子就是一种思维。有许多学术著作都将此理论默认为前提；而且有相当多的著作对其进行了明确阐述。

如果采纳了语言的这种极端理论，那么就很难理解不同语言之间的翻译和同种语言中不同句子的转述何以成为何能。如果一个句子就是一种思维，那么另一句话就是另一种思维。诚然，没有翻译是完美的。但是如果没有任何一个词、音节或语序是相通的，又如何实现这种不完美的翻译呢？如果求助于语法，那么你就在求助于一种处于词、音节或语序背后潜藏的意义。有些人试图寻求能够表达我们观念的词语。如果词语和词序共同构建了这些观念，那么这种努力又源自哪里呢？这样，我们就会一方面力图获得观念；另一方面又意识到不能用语言将其表达。

现在姑且承认语言不是思维的本质。但必须谨慎地限制这个结论。除却语言，思维的留存、易于调用、与其他思维交织形成更高级的复杂体以及思维之间的交流都会受到极大的限制。人类文明是语言的结果，而语言又是文明进步的产物。语言使思维的自由成为可能：我们因此从心情和环境的即时性束缚中摆脱出来。毫不意外的是，作为我们西方自由概念的起源人，雅典人乐于运用一种具有细致变化的高级语言。

否认语言是思维的本质，并不意味着认定思维可以和与语言相协调的活动割裂开来。可以将这些活动称作是思维的表达。当这些活动满足一定条件，它们被称之为语言。这几讲的整体主题是讨论思维与其表达活动之间的互为依存的关系。

这些活动，无论是情感上的抑或物理上的，都比思维要古老。当思维尚处在萌芽期时，这些活动就已存在于我们的祖先中。思维是与它同时发生的这些活动的产物；因此一经产生，就会调整和适应这些活动。脱离所有表达的单纯思维的概念是学术界的一种虚构理论。一种思维就是一种激发模式。它如一块被扔进池塘的石头，会激起我们存在的涟漪。但这个比喻是不恰当的。因为我们应该认为涟漪在激发投石入水这个行为方面起到了作用。涟漪释放了思维，而思维使涟漪增强和变形。为了理解思维的本质，我们必须探究思维与产生思维的涟漪之间的关系。

5. 然而，除却这些对于思维的起源及影响的细微区分，按照通常最简单的方式理解，语言作为思维的习惯性结果和显现，凸显了出来。为了理解思维方式，我们必须竭力回顾产生语言的心理学——或者，如果你愿意反过来说，那就是造成文明的语言。

需要注意的第一点是我们现在运用了两种形式不同的语言，即有声语言和可见语言。我们既有口语，也有书写语。书写语的出现为时不久。即便我们承认原始图画中显现出书写语的微弱先兆，其历史也不过一万年。书写语作为一种具有广泛影响的思维的有效工具，顶多只有五六千年的历史。

作为人类经验中的一个因素，书写语与蒸汽机有一定可比性。书写语很重要，而且在近代由人所形成。口语的历史与人性自身一样长，是构成人性的最基本因素之一。但我们不可将其夸大。如果在特殊情况下否定口语，我们现在也可能通过其他方式把人类的全部经验推导出来。但是作为一种普遍的社会习得，口语已是人类成长的一个首要创造性因素。口语即是人性本身，它没有任何书写语的人工因素。

最终，我们现在如此习惯性地在日常经验中将书写语和口语混杂使用，以至于当我们讨论语言时，很难知晓我们指的是口语、书写语抑或两者的结合。但是，两者的最终结合是新近的事情。大约五百年前，只有少数人能够阅读——至少在欧洲人中是这样。这也是为什么宗教使用符号、旅馆商店使用有图的招牌的一个主要原因。显赫贵族的徽章是书写语的替代物。文明史中忽视的一章即是书写对于语言的心理学的影响。

初始阶段的口语，出现在动物和人类行为中，在表达情感和发送信号之间变换。在变换过程中，口语很快变成两者的结合体。在语言精确复杂化的发展过程中，口语保留了这三类特征，即情感表达、信号发送和两者的结合。然而不知为何，在发达文明的理性化了的语言中，这些特征似乎逐渐消失。这表明有些特征已经失去了主导地位。我们只有留意到语言功能中的这个细微变化才能够理解近三千年文明中的思维方式。对于语言的预设是多样化的。

语言主要伴随即时情境（immediate situation）而出现。不论是一种信号或表达，最主要的是语言在“这一”情境中的“那种”情况的“这种”反应。在语言的缘起中，这种即时存在的特性是被传达意义的一个突出因素。例如，即便在另外一些情况下我们隐约感受到一些特别的鸟存在，“鸟类”这个种概念的基础仍是无区分度的笼统含义。语言主要传达的是此地、此刻、在此情境中对于这些鸟的注意力方向。

语言已经逐渐实现了从任何特定环境的预设中对其意义进行的抽象。法语辞典于一个确切的日期在巴黎出版，这个事实与字典中所解释的字词含义毫无关联。法语中与英文单词“绿色”相对等的词，无论在欧洲或行星系，只表示绿色。绿色就是绿色，别无他意。但当你一旦按照其含义理解了这个词，便无须多讲。

当然，相对于只能将绿色与某一特定的春天早晨相关联的祖先相比，我们的文明程度远胜之。毫无疑问，我们的思维能力、分析能力、记忆能力和推测能力都在不断提高。虽然生于能够撇开春天来谈论绿色的人当中，但我们不能凭借这一事实而沾沾自喜。我们必须谨记这个警示——什么都不要过头。

只要语言主要是口语，那么就必须参照环境的某种特殊性。试分析这个简单的短语“温暖的一天”。在书中，依据标准字典的解释，这个短语具有泛化意义，涉及地球的转动、太阳的存在以及科学的温度理论。现在抛开字典，忘记科学的所有细枝末节。那么，从我们所学知识中抽离出来，对得克萨斯人或北海之滨的英国人而言，突然脱口而出的这句“温暖的一天”所暗示的经验是迥然不同的。然而意义的同一性仍旧存在。什么都不要过头。

我们需这样理解，语言传达须以知识为基础的同一性，并假定作为存在本质的关联环境具有特殊性。口语耽于社会交际的即时性（Immediacy）。书写语隐于卷中，脱离了持续性环境，在不同的时间和地点待以翻开阅读。但是我们可以大声朗读一本书。在此，我们发现了一个写与说相融合的例子。朗读是一种艺术，朗读者的不同可产生很大差别。这样，环境的即时性就会融入写作的抽象性中。

语言发展过程中固有的抽象化是有其危险性的，它使我们脱离当下即时世界的现实。如果没有一个合理的重点，抽象化就会止于机敏之人的琐事之中。然而，即便有诸多危险性，文明的最终崛起还是依赖于这种抽象化。抽象化给予表达以概念性经验，由于与一般性事实的高度一致性，这类经验受到了抑制，但它们仍潜藏于自然界。在人类中，这些概念性经验是相互协调的，并通过环境表达自身。这种协调包含两方面，美学的和逻辑的。这两方面将会成为我下一讲的主题。

总之，需要总结一下今天下午我所讲的内容了。这一讲主要是对古老的文明思想的一种现代呈现，这些思想主要以这个地球上生命的视域反思了宇宙的发展。在将现代思维与古代记录相比较时，我们需要谨记翻译的困难，以及与思维的言辞表达相斗争的思想家的困难，这些表达潜藏于市井的日常词汇之后。例如，如果我们坚持用英文词“wood（木材）”来翻译亚里士多德形而上学理论中的一个关键词，并坚持给予其最真实准确的意义的话，那么我们对于其理论的认识会大不相同。有证据表明三千年前就有一些深刻的思想家，但那个时代肤浅的表现形式束缚了他们的想象力。

尽管缺乏想象力的学者将这些记录进行了编辑和修订，我们仍能够从地球上生命的视域出发，认识到宇宙进化的概念。我们能够认识到等级，包括大量的物理等级、植物和动物生命的等级，进而识别最后产生的人类生命。

人类在命名事物时那些天真的、充满孩子气的描述，让我们认识到语言与人类经验增长之间相互交织起来的概念。实际上，整个古代的想法都是极为单纯的。然而，当代描述中自命不凡的概括性只不过是竭力避免过于敏锐地去区分不同的阶段，以及所包含动因的过分简单化。

这一讲是依据内蕴，以及作用和反作用而写成的。这一讲中关于人性的最终结论是：人类的精神活动和人类的语言彼此创造。如果我们假定语言的产生是一个既定事实，那么也可以毫不夸张地说，人类的心灵是语言赋予人类的礼物。

在第六天的情况记录中应当写下：上帝赋予人类以语言，人类于是就成了万物之灵。

第三讲
理解

我们在前两讲讨论了“重要性”和“表达”。“理解”是第三个概念，基于这三个概念我们力图来分析人类理智。我们探究的是对于理解的理解。

我要向你们提出的是，想要充分全面理解这一概念是一项无法完成的任务。我们能够阐明理智的一些方面，但总有超出我们领会能力的一种理解。其原因在于这一概念，即从被理解之事中纯粹抽象出来的理智，如神话一般虚幻。因此一种完整充分的理解是对于宇宙完美的整体把握。而我们是一种有限的存在，缺乏这种把握能力。

这并不是说事物的某些方面在本质上不可能纳入人类的知识范围内。任何存在之物，就其与其余事物之间联系的有限性而言，都是可以认识的。换言之，我们能够通过某种视域来认识任何事物。但是视域的整体性需要超越有限知识的无限性。例如，我们能够从其部分视域理解“绿色”这个表达颜色的词。但是在宇宙的其他纪元或当其他自然规律起作用时，绿色能够表达什么，这是超出我们目前想象的问题。然而，没有任何事物在本质上是不可认知的，随着时间流逝，人类可能会获得一种洞察自然界其他可能性的想象力，从而获得对于绿色在其他想象纪元中可能性的理解。

有一首诗据说是大约八十年前由剑桥三一学院院长休厄尔博士所作。这首诗众所周知，这样写道：

我是这所学院的院长；

我不知晓的，

就不是知识。

这种态度在学术界一直很普遍，它扼杀了想象性思维，且阻碍了进步。

当我们讨论理解力时，这是我想要辩驳的第一个异端邪说。虽然休厄尔博士所言显示了一种以博学为基础的自大，但我并不会将此异说归咎于他。我想要说的是理解永远不会是一种完全静止的心态，它总是以一种不完整的局部的渗透过程为特性。我完全承认人类的思维方式中都融入了理解的这两个方面。我的论点是，当我们意识到自己参与到渗透过程之中时，相较于体会到理智工作的完成感，我们会拥有更全面的自我认知。

当然，从某种意义上而言，存在一种完成性。但是这种完成性假定与某种给定的不明确环境有关系，它施加一种视域并有待探索。因此，我们具有关于绿色这个词的大量知识。但是这种知识受到宇宙当前时代视域的局限，与一种确定的、未探索的广泛性（immensity）相关；而只有通过与其他广泛性相关联的方式才能理解之。

雪莱在其戏剧诗《古希腊》的一段合唱词中写道：

一个又一个世界不停运转，

从创造到毁灭，

犹如江河上的泡沫，

闪耀，爆裂，流泻。

在创造的过程中，理解因其有限性而受到限制。但在有限事物的无限性中，没有任何有限事物在本质上是否定无限性的。这种无知是偶然的；而且这种知识的可能性揭示了其与已知事物的未探索领域之间的联系。任何对于有限事物的认知总是会与无限性相关联。二十世纪文明思维发展所必需的专门化对于学者的哲学观以及对促进学术工作的机构发展，产生了最不幸的影响。大学中各个系都强调各自的独立性。一所大学所获得的声望也与其在这种专业化方面的拓展程度成正比。

随着科学的进步，人类在理解的宽度方面退步了。十九世纪是一个充满伟大成就的时代，如蚁聚一般数不胜数。但那个时代没有造就出对于各种兴趣和各种潜能都具有敏锐鉴赏能力的学者。那个时代批判和推翻了那些本应该力求理解的地方。以超越时代的角度来看，每一时代中兴趣的复杂环境都天然地融合了理解的深度和环境的琐碎性。然而，为了理解存在的本质，我们必须超越一切错误的细节，领会理解的深度所具有的基本特性，这种深度是该时代可识别的能够推动生命提升的主要力量。在此，必须补充另外一个限制条件，即如果有提升的话。

十九世纪是文艺复兴时代的最后一个阶段，在产生其后继者时遭受着种种苦恼，具有局限性，阻碍了智力兴趣的正常拓展。文艺复兴时代源于希腊人的学识，希腊人被视为文明之父。毫无疑问，欧洲受惠于希腊的程度是难以言表的。但是，希腊思想，即使拓展为希腊—希伯来—埃及思想，毕竟只代表重要性的多方面模式中的一个有限方面，而重要性一直在人类意识的边缘产生推动力。

我们必须更加努力来求理解。在十九世纪，希腊学者比最优秀的希腊人狭隘一些，基督教学者比早期最优秀的神父狭隘一些，科学家比数学和自然科学的奠基人狭隘一些。总体而言，十九世纪的所有学识多得无可比拟，即使将希腊人、神父和科学奠基人所知晓的学识都加在一起也远远不及。但是，现代人丧失了对于大量其他替代方法的体察，这些方法或杰出或可憎，隐藏于后，伺机击垮我们安全而短暂的传统。如果要延续文明，拓展理解是重中之重。

2. 什么是理解？我们如何描绘其特性？首先，理解总会涉及“结构”（composition）这个概念。此概念具有两种理解方式。如果事物是复合性的，那么可以理解其各种构成因素以及这些因素形成事物整体时的交织方式。这种理解方式可以证明此事物为何是此事物。

第二种理解的方式是将事物看作一个整体，并获得它影响其环境的能力的证据，不论能否作分析。可称第一种方式为内在的理解，而第二种为外在的理解。

但是，这并不是全部。这两个方式是相互关联的：两者互为前提条件。第一种方式将事物看作一种结果，而第二种方式将事物看作一种起因。按照陈述我们意义的后一种方式，我们已经进入到理解宇宙过程这个概念中。实际上，过程的预设似乎甚至进入到我们之前的分析中。我们能够运用意义解释的这些途径来理解自然的历程。

当然，只有明晰事物与过程的关系我们才能最终理解这一事物。然而，除却对于非理性事实（无法解释的事实）历程的借鉴，对于理想关系的理解是存在的。在这种关系的概念中，不存在转化。

例如，从某种意义上而言，在数学中不存在转化。相互联系是于无限永恒中展现的。确实，时间概念、方法概念和近似概念在数学话语中存在。但当运用到科学中时，撇开了时间的时间性和方法的变换性。在数学中，正如我们理解的那样，理想事实不证自明。

即使数学家也很少具备广泛的理解力，他们具备的是理解的片段以及这些片段之间关联的片段。他们可以理解这些关联的细节。但是这些知识片段互相接续，不会联结起来成为一种大范围的自明性并列关系。他们充其量只会对于最近所注意到的细节具有模糊的记忆。

这种自明性细节的连续性被称作“证明”。但是，人类无法完成数学的广泛自明性。

例如，1 加上 4 与 2 加上 3 的和是相等的，这个片段知识在我看来是自明的。这是一点浅显的知识。但是，除非我自欺，否则这很明确，当引入较大数字时，我不太会主张这种自明性，而是会借助证明这种途径。其他人具有更广泛的能力。

以伟大的印度数学家罗摩努间为例，如同迦罗瓦一样，他的早逝是科学的一种损失。据说他与前一百个整数都如朋友般熟悉。也就是说，他对于自明性的洞察力，以及从这种洞察力中获得的喜悦，正如我们大多数人从 5 以下的整数中所感知到的一样。我个人对此外的数群不甚熟悉。在我的例子中，数群的限制多少会阻碍罗摩努间所享有的那种喜悦感的增加。

我承认相较于数字和量化关系而言，我对于关系模式有更大的愉悦感。我提到这些自身细节的目的是强调自明性假定的多样特性，既可涉及范围也可涉及自明的结构特性。之前提到的完成感产生于我们理解中的自明性。实际上，自明性就是理解力。

渗透感同样依附于我们的理解性经验上，与理解的增长有关。脱离增长感而感受完成感实际上是理解的失败。因为，理解不能模糊地感知到超越事物之间的未知关系。脱离完成感而感受渗透感也是理解的失败，因为渗透本身缺乏意义，缺乏成就。

3. 现在让我们讨论一下“证明（proof）”这个概念。在我正在写的论文中，将其从严格意义上理解为无力的次级步骤。当提出“证明”这个词时，进入意识的下一个概念就是半心半意。除非证据已经产生自明性并进而使自己失去必要性，否则它就会导致一种次级心理状态，产生缺乏理解的行为。自明性是所有伟大支撑自我的基本事实。但证明是获得自明性的多种途径之一。

作为这个理论的一个例子，哲学著述中的证明应当尽量少。全部努力应该放在展示基础事实的自明性上，主要是关于事物本质和事物之间的关联性。应当注意，逻辑证明始于前提，而前提基于证据。因此证据是以逻辑为前提的，至少是以逻辑具有某种重要性这个假定为前提的。

哲学旨在昭示有关事物本质的基础证据。所有理解倚赖这个证据为前提。一种正确地用语言表现出来的哲学将会调动一切前提所假定的这条基本经验。哲学可以使人类心智内容易控，将意义加之于片段化细节，并揭示分离和结合、一致性和非一致性。哲学是对于支配特殊思维方式的抽象性的一种思辨。

因而无论从何种意义来说，哲学都是不可证明的。因为证明是倚赖抽象性的。哲学总是自明的，否则就不是哲学。任何哲学描述的目的都应是产生自明性。当然，这个目标是不可能达成的。但是，尽管如此，哲学中所有推理都伴随着所有人类努力的这种不完满性的标志。哲学的目的是纯粹的提示。

哲学面临的巨大困难是语言的失误。人类的日常交流是关于不断变化的环境的。没有必要提及不证自明的事实。因此，狩猎场景被画在洞穴壁上几千年之后，更加固定的空间关系才成为了意识分析（conscious analysis）的一个主题。当希腊人需要词汇来表达自然界现实事物的终极特征时，他们就不得不运用如水、空气、火和木等词。

从美索不达米亚到巴勒斯坦，从巴勒斯坦到埃及，当古老世界的宗教思想需要表达宇宙的方向的最高统一性（一切秩序都依赖于此，它给重要性以意义）时，除了借助统治世界各帝国的专制君主所具有的敏感、虚荣并傲慢的特性，他们找不到更好地表达自己的方法了。在文明宗教的起源中，神类似独裁者。我们的现代仪式仍旧保留了这个污迹。佛教教义和基督教福音书中散布着对于这种陈旧观念的最有力否定。

语言滞后于直觉。哲学的难度在于表达自明性的事物。我们的理解超出词汇的正常使用。哲学类似于诗歌。哲学竭力寻求到诗人运用的具有生动暗示性的惯用词汇。哲学力图把弥尔顿的《黎西达斯》简化为散文；进而产生在其他思维联结中可用的语言符号。

这种对于哲学的借鉴表明理解并不主要基于推论。理解是自明性的。但是我们直觉的清晰性是有限的，而且明灭不定。因此，推论可以作为手段，来获取这种我们可达到的理解。证明是工具，用以拓展我们不完满的自明性。证明以清晰性为前提；而且预先假定这种清晰性代表了一种不完满的渗透，进入到我们对于周遭世界（事实的世界、可能性的世界、珍视的世界、计划中的世界）的模糊认识中。

4. 讨论到这里，需要清晰地认识事物的另一方面。这个方面是一种一般特征，可以用"混乱""罪恶""错误"等不同名称来表述其特殊形式。在某种程度上，事情会出错。因而，我们在理解事物本质时，就会引入由坏变好的纠正概念，或由好变坏的衰败概念。

对于哲学家而言，这是一种诱惑，即他们应该编造神话故事，对诸多因素加以调整；然后附带引入挫折（frustration）这个概念，将其作为次级方面。我认为这是在批判十九世纪的一元论唯心主义，甚至是在批判伟大的斯宾诺莎的一元论唯心主义。难以置信的是一元论中所构想的绝对性会逐步对自身细节产生困惑。

认为困惑不及秩序那样重要是毫无道理的。我们的任务是逐步形成一种包容这两者的一般概念；这个概念也会显示扩大我们渗透的途径。我建议我们应从宇宙两个方面的概念起步。一是统一性因素，其本质包括事物的联通性、目标的统一性以及享受的统一性。重要性的整体概念与最终统一性相关。在宇宙中还有同等重要的另外一个概念，即杂多性（multiplicity）。众多现实事物都各自具有自身的经验，既自我享受，又彼此需要。

描述统一性时需要许多现实事物；描述这些现实事物时则需要得出重要性和目的性的整体概念。由于这些事物具有基本的个体性，其有限的实现存在矛盾。因此，由多到一的总和过程以及从一到多的重要性变异，包括了混乱、冲突和挫折这些概念。

这些是宇宙最基本的几个方面，人类深刻思考存在的各个方面，将得到的常识交由哲学以便阐明理解的连贯性。

哲学如果草率地忽略这个困境的任一方面，都会是一种逃避责任的做法。我们永远不能实现充分完整的理解，但我们可以增强我们的渗透力。

如果存在充分完整的理解，那么任一特定项都已清晰明了。因此，这个特定项只是已知认识的重复。在此意义上而言，即是同义反复（重言式，tautology）。因此，同义反复是在理智上对无限者的逗乐。

在同等意义上，选择特定项来进行强调也同样过于武断。它是无限者用以控制它的注意中心的约定。

对于有限的个体而言，可在其自身的经验内对新事物进行渗透；而且个体产生的因果关系会制约对于细节的选择。哲学易于在无限性和有限性两方观点之间摇摆不定。因此，尽管不完满，只要识别出其模式，理解就是自明性的证据。同样对于有限的经验而言，推论能够进一步渗透这种自明性。

一种得到部分理解的模式更加明确完成性中应排除的内容，而非应包含的内容。就包含而言，存在无限的完成方式。但是只要揭示尚未完成，某些因素就会被明确地排除。大约二十年前，哈佛大学的亨利·舍费尔教授发现并提出：逻辑的基础倚赖于不相容性。舍费尔教授还强调逻辑的基础是模式这个概念。依此方式，数学逻辑实现了一个重大进步。

首先，如果在不一致概念之上建立逻辑，一定会引入有限性概念。正如斯宾诺莎所指出的那样，有限性要排除与自身具有可比性的事物。因此，不相容性将逻辑建立在斯宾诺莎的有限性概念的基础之上。

其次，正如舍费尔指出的那样，否定和推论的概念可源于不相容性概念。因此这个逻辑运转是为其做准备的。我们可能注意到逻辑的这个基础表明：挫折这个概念更类似于有限心态；而和谐的结合（harmonious conjunction）这个概念是源于一元论的宇宙概念。哲学的任务是将世界所表现的这两方面协调起来。

再次，逻辑的这个基础启发了我们去理解过程，而过程是我们经验中的基本事实。我们处于当下，而当下总在变换；当下源于过去，塑造未来，而且正在通往未来。这就是过程，而在宇宙中，这是一个无可辩驳的事实。

5. 但是，如果一切事物都能够结合起来，为什么还应该有过程呢？一种对于此问题的回答否定了过程。针对这个回答，过程仅仅是表象，缺乏最终现实所需的意义。与我而言这个回答看起来非常不充分。事实的恒常整体性如何产生变化这种幻想呢？当然，必须理解变化和永恒（两者相辅相成）的相互交织，才能给出令人满意的回答。这种交织是经验的一种基本事实，存在于我们关于人格同一性、社会同一性以及一切社会学上的功能活动的概念的基础之上。

同时，我们现在必须来讨论一下不相容性和过程之间关系的另一方面。不相容性指构成一对命题各自的意义的事物的两种状态不可能并存。不相容性否定了这些意义之间的一种可能的结合。但是，在关于不相容性的判断中，这些意义被融合在一起。这就是当柏拉图通过其著作的一个角色说出“非存在是一种存在”时所暗指的那种困惑（perplexity）。

我得出的结论是，“结合（together）”这个词与其他所有表达一般连接的词一样，如果缺乏明确的规范，就会非常模棱两可。例如，这个简单的小词“和（and）”就是滋生模糊性的温床。令人惊异的是：关于表达连接的词，其模糊性研究如此之少。这些词使准确推理陷入危险境地。遗憾的是，它们大量出现在最完美的文学形式中。因此，即使是一种极为出色的文学风格，也不能保证具有逻辑相容性。

在阅读哲学文献时，必须仔细推敲每一个表达连接的词。如果这个词在同一句话或相邻的两句话中使用两次，那么我们能否确定至少为了充分实现论证的目的，这个词的两次运用体现了同样的含义呢?

我认为，在古代和现代逻辑学中那些著名的矛盾源于这些模糊性。许多在形式上不是连接词的词汇同样表达连接含义。例如，“类别（class）”这个词具有“和”这个词的所有各类模糊性。如何研究这些模糊性决定了如何理解模式以及各类模式的连接词。在这个问题上，哲学文献的研究过于简单，因此众多令人信服的有力论证落入了这个陷阱。

我们现在必须回到“不相容性和过程”这个话题。不相容的一对命题，我们称其为 p 和 q，意指按照以某种预设的环境所勾画出的结合方式。p 和 q 的含义不能够同时出现，要么两种含义都不出现，要么其中一种出现，但两种不能同时出现。于是，过程是宇宙借以摆脱不相容性的方式。

这种排除属于情况的有限性。借由过程，宇宙摆脱有限性的局限。过程是有限之中的无限内涵；因此，一切界限都打破了，一切不相容性都消融了。

任何特定的有限性都不能成为宇宙的最终桎梏。在过程中，宇宙的有限可能性趋向于通向它们的实现的无限性。

在事物的本质中，不存在用逻辑名词表达的终极的排除。因为如果我们将注意力投向整个时间的推移，就会存在两种实体。它们在漫长的过去的某一天以不相容的方式出现在这个地球上，在比较近的过去的另外一天也不相容——当我们将整个时期考虑在内的话，这两种实体可能成为相容的：一种实体出现在早些时候，另一种实体出现在晚些时候。因此，相对于所包含的抽象性而言，不相容性是相对的。

如果我们满足于高度抽象，很容易达到理智的相容性。纯数学便是遵守这种精确抽象性的成功范例。此外，在十六世纪和十七世纪最终揭示出的数学的重要性阐明了一种理论：人类有限的理解力的进步需要遵循某种合理的抽象，以及那种抽象中的思维发展。在近三千年间，这种方法的发现产生了作为现代文明的进步的科学。

6. 但是，发现是一个逐步的过程，即便到现在我们也没有完全理解这种方法。学者们以一种极其轻率的态度来对待思维的专门化。人们普遍认为一门专业的发展不会影响关于环境的视域的预设，这对于初期阶段已经足够。人们不能清晰理解的是任何特定话题的拓展都会彻底改变其含义。当拓展一种科学的主题时，这个主题与宇宙的关联会减少。因为它是以更加严格定义的环境为预设的。

环境的定义即是特定的抽象所忽略的部分。这样的定义是一种无关联性。之所以无关联，是因为定义需要理解事物的无限性，因此是不可能的。我们所能做的是进行抽象，是假定相关性，并在这个假定的范围内进行探究。

有限的科学的清晰性与外部的黑暗的宇宙之间具有截然的差别，这本身就是一种对具体事实的抽象。例如，我们能够探究假定。就自然科学来说，我们假定几何学。但是是哪一种几何学呢？存在许多种几何学。事实上，存在无限数量的可供选择的几何学。我们要选择哪一种呢？

我们都知道，这是一个近三十年来困扰着或者说是鼓舞着自然科学的话题。最终，伟大的科学家们会得出我们都能够接受的结论。然而，质疑仍会存在。我们如何知道只有一种几何学与自然界的复杂事件有关联呢？也许一种三维几何学与一类事件相关联；而另一类事件则需要一种十五维几何学。

当然，我们更加明显的感性知觉，尤其是视觉，似乎迫切要求三维空间。另一方面，虽然声音频率范围宽，但就其音量范围（例如：在十三至十五度之间）而言，声音仍是模糊的。而且只要我们能够观察到任何音节上的变化，无论变得非常小或非常大，都会使揭示出来的事件特征产生惊人的变化。

我们已经养成非常特殊的感官观察类型，因此我们墨守一套相应的特殊结果。如果我们引入适当的限制，那的确如此。但是，当我们在拓展科学时，与自然界其他方面的关系的范围会变得愈发重要。

除非我们能够理解知识与包含十五个维度的空间关系

的事件之间的基本关联，否则我们的知识就会被曲解。武断地把自然界的三位一体假设为唯一的重要维度，这在过去曾经是有帮助的，但在当下就变得危险起来。在将来可能会成为知识进步的不可克服的障碍。

同样，这个星球，或者说我们的太阳所在的这片星云，可能会逐渐进步，改变其空间关系的一般特征。也许在模糊遥远的未来，如果人类还存在，他们将回顾这个已经产生了更高尚、更广泛存在的曾经奇怪狭小的三维宇宙。

目前这些推测的正误与否虽尚未被证实，但它们具有一种神话的价值 (mythical value)。这些推测确实象征着：注重人类经验中特定方面的连贯语言表达可能会阻碍理解的进步。从系统化知识之树上摘下的过多果实会导致进步的坠落。

对于维系兴趣来说，最根本的是上进心和渗透感。同样，进步包含两种类型。一种进步是运用已知既定模式对日益多样的细节进行协调。

但是既定模式类型限制了细节的选择。这样，宇宙的无限性会被摒弃，而成为不相关联的部分。黎明之时的饱满精神所带来的进步退化成了协调的雕虫小技的枯燥积累。思想和艺术的历史也阐明了这种理论。我们不能规定进步的模式。

诚然，进步在某种程度上是收集细节，并将其归为既定模式中。这是教条主义精神为避免愚蠢论断而取得的无风险的进步。但是历史解释了另一种进步，即将新模式引入概念经验。这样，那些迄今为止人们认为是无关联的而未去辨别的或忽视的细节就会浮出水面，上升为协调的经验。这是一种关于伟大的未知世界的新视野。

7. 因此，理解具有两种进步模式，在既定模式中收集细节，并强调新细节，发现新模式。教条主义在关联模式方面一直桎梏着人类的智慧，这种致命病毒也以同样的方式影响和阻碍着宗教思想、美学思想、对社会结构的理解和对观察的科学分析。

当开始建立欧洲思想的辉煌基础时，这种教条主义就已侵入其中。伊壁鸠鲁、柏拉图和亚里士多德都同样坚信他们经验中存在的各类因素具有确定性，这些因素以他们理解的精确形式存在。他们没有意识到抽象的风险。后来，康德在其《纯粹理性批判》中精湛地剖析了我们为何应该如此确定的原因。对于这种确定性，天才的意见是一致的。

这些伟大人物拥有这些信念，他们的理论没有任何一种能够比近两个世纪的更广博的知识存在的时间更长，从这个意义上说，这是历史的悲剧。从柏拉图所构想的那种意义上而言，数学是错误的。而从伊壁鸠鲁所认为的那种意义上而言，感性材料并不是清晰、明确和单一性的。

思想史很不幸地结合了令人鼓舞的发现与令人闷抑的封闭。完成性知识的确定性会丧失渗透性。这种教条主义是学习上的假想敌。

在事物之间的完整具体的关联中，彼此相关联事物的特征成了将它们连接在一起的关联性的组成部分。

友谊的每一个例子都显示了两位朋友的独特性格。在此关系之外的两个人与完整定义的友情关系就会不相容。同样，图画中的各类颜色构成了这幅作品，这在一定程度上是几何学的构图。如果我们仅仅考虑几何关系，蓝色块就能替代红色块。在这种几何性抽象中，红色只是与蓝色一样，与其他剩余色块保持一致。但如果我们更为具体地考察这幅图，那么就已经毁了这幅杰作。红色与绿色所绘制的图画会产生不一致的具体效果。

因此，随着我们向具体的理解渗透，不相容性就会发挥支配作用。即，除了这个实体外，所有实体都与这一实体所产生的特殊效果不相容。当我们返回到抽象时，与之相对应的是许多实体会交替产生同样的抽象效果。因此，相容性会随着从具体到抽象的增加而增加。

因此，不相容性概念存在一种模糊性。实体之间的区别会产生差异。如果色块为深红色，就不能在此运用浅蓝色。这两个概念不相容，因为红色与蓝色之间的差异，它们是完全不同的两种颜色，在美学欣赏上也是有差异的。在一副杰作中，蓝色可能是其中一个要素，但在同样几何位置用红色将其替代则会毁坏整个美学价值。另一方面，如果人们的兴趣完全集中在几何关系上，那么红色和蓝色都同样可以标识出那个区域。

我们现在应该了解不相容性包含了两种类型，分别称作“逻辑类型”和“美学类型”。逻辑类型基于不同事物之间的差别，可将这些差别视作合成物中可互相替代的因素。当考虑选择两个不同事物中的哪一个来成为合成物实体模式中的既定部分时，我们不能忽视合成物的整体性。各因素之间的差别会产生不同的合成体。同样，如果添加新的因素则会扰乱基本前提。

由于环境的所有可能性，我们永远无法完全彻底有效地理解一个结构体。我们仅能意识到一个抽象系统。由于这种抽象，因素的改变或者增加变得无关紧要。不同事物之间的等价性和相容性上方永远笼罩着公正的惩罚。当我们扩大自明性时，抽象性会缩减，而我们的理解就会向具体事实进行渗透。因此，或早或晚，知识的增长会产生差异中对抗的证据。

8. 这一讲中所提出的理解理论，其适用范围远不止于逻辑学。美学经验是自明性的另外一种享受模式。这个结论如同欧洲思想一样古老。将数学中的比例关系理论应用到音乐和建筑领域，这个做法激发了毕达哥拉斯学派和柏拉图学派的兴趣。同样，在数学家中广泛流传的感受：一些论证要更加漂亮，应该引起哲学家的注意。

我认为将美学和逻辑学进行类比是哲学中一个尚未充

分展开的论题。

首先，美学和逻辑学都是关于享受结构体的，由于众多细节之间的相互作用，结构体形成了一个整体。其重要性源于生动理解各个细节之间的相互依存性。如果消减了美学的任一方面，经验、逻辑和美学就会变得琐碎化。

逻辑学与美学的区别在于其抽象化程度。逻辑学注重高度抽象化，而美学则尽可能接近具体化以满足有限理解的需求。因此，有限智力向无限性进行部分渗透时会陷入进退两难的境地，而逻辑学和美学就处在这个困境的两个极端。

这些论题中的任意一个都可以从两个角度考虑，即发现一种逻辑复杂性和发现时享受那种复杂性。此外，一部美学作品的结构，以及构成时对那部作品的享受同样存在。我们不能过分强调创作与享受之间的区别。但区别确实存在，而且在这一讲的最后我们要探讨的是享受而非创造。

逻辑运用符号，但也仅仅作为符号。例如，符号论尚未涉及行间的空白、栏外的宽度、页面的大小（八开本、四开本或十二开本）之间的差别。

美学享受的进步是反方向的。我们会折服于建筑物的优美轮廓、图画的欢快基调和句子的精美平衡。整体先于细节。

接下来我们进入到辨别阶段。在那一刻，细节迫使我们将其作为影响整体效果的原因。在美学中，有一种整体能够显示出其结构的各个部分。

在欧洲思想史上，强调细节平衡几乎毁掉了关于美学的讨论。享受古希腊艺术时，人们一直纠缠于寻求细节，来展示除了强制的和谐感之外的某种严格的独立性。

在任何伟大的艺术形式的例子中，都存在着神奇的平衡。整幅作品增强了各部分的价值，而所有部分超越自身，在不自我破坏的情况下形成整体。不过，值得指出的是，更能引发人们兴趣的是对于细节的初步研究（如果被保留了下来），而非在完善的作品中所表现出来的那些最终细节。即使最伟大的艺术作品也达不到完美。

相对于逻辑经验而言，由于更具有具体性，美学经验是一个更广泛的论题。实际上，当充分探究过美学这个论题之后，我们会质疑是否还有什么方面尚待讨论。但是这种质疑并不合理，因为伟大的经验的本质是对于未知和未体验世界的渗透。

逻辑学和美学都注重封闭性事实，而我们的生活则是在发现的经验中度过的。当我们失去这种发现感，我们就会丢却心灵这个功能模式，沦为仅与过去的平均水平相符合。完全的符合意味着生命的丧失。残存的是无机界的空洞存在。

概言之，这三讲试图集合哲学思想中最重要的观念。提及得最少的是系统化这方面，我们借由这三个标题，引入了各类概念。

最后得出的结论是：离开细节和体系，哲学观是思维和生活的最根本基础。我们注意到的经验和我们选择忽略的观念支配着我们的希望、恐惧和行为。只要我们思考，我们就活着。这就是为什么哲学观念的收集超出了专家的研究范围。这些观念铸就了我们的文明的类型。

第二篇

活动

思维的方式

第四讲
视域

有理由相信至纪元开始的前一千两百年间，人类的天赋才能达到了高峰。在这个时期，人类提出并讨论了美学经验、宗教、社会关系、政治智慧、数学推导和观察科学的主要概念。当然，文明中的这些方面都拥有更加悠久的历史，一直可追溯到动物期。但在那个时期，人类取得了大量辉煌的成就，并开始有意识地探究这些成就与人类生活理想的关联性。在这一时期的早期阶段，出现了荷马史诗和儒家思想；在后期，涌现出维吉尔、约翰福音以及罗马帝国的政治制度。

生活上的各种技术得到了蓬勃发展，其中任何一种的创始期都早于这个时期。例如，书写的技术历经多个世纪逐渐发展起来。在这一时期，书写更便于使用，成为保留个人内心思想的一种媒介。而此前，书写多用来记录帝王的诏谕和胜利者的狂言。可以从类似的角度，即文明处在起步阶段，来考量金属、车马、道路和航海等方面的发展。我们在这个时期内取得了成就。当然，自那以后，人类在知识和技术方面一直在进步，但仍旧循着那个黄金时代的各种活动所开辟的道路前行。过去的十八个世纪的欧洲历史是它的续篇。

这种沿袭辉煌过去的做法产生的一个不幸结果是，语言和文学中植入了早期的一些不完善见解。此外，语言还支配着我们无意识的思维假定。

例如，每个具有字典意义的单词和以句号为界的单句，都表明了我们能够从环境中进行完整抽象。因此，我们倾向于将哲学的问题看作是对事物的各类相互关系的理解，即使不进行其他任何参照，每一种关系也是可理解的。

2. 这个预先作出的假定是错误的。让我们先不去管它，并认定每一个实体，不管属于何种类型，在本质上都包含了实体自身与宇宙其他事物的联系。不论是在成就方面还是潜力方面，我们都可将这种联系视作专为那个实体而形成的宇宙。这种联系可被称作那个实体的宇宙视域。例如，数字三、蓝色或任何一种已实现事实的某种确定情境，都存在为其形成的相应视域。

任何一种质的抽象（如数字或颜色等）的每一种视域都包含无限可供选择的可能性。而另一方面，事实性情境的视域则需要去除与当下情境的事实实现相关的其他可能，并减少关乎未来的可能；因为作为当下世界的一个部分，这种情境是制约其自身以外的未来的因素之一。

我们目前对所有类型的实体进行抽象，探究这种做法所具有的意义，对于学术人士而言不仅是一个形而上学的难题，更是一个涉及在我们日常判断时所需的实际良知的问题。我们将适用于一组事件的宇宙视域中的概念不加鉴别地运用到具有某些视域差异的其他事件中去，这是危险的。由于存在差异，我们需要校正。在第二部分的第三讲中，我会讨论视域的理论在每一种实体中的不同应用。同时，有必要探究一下因忽视这个理论而引发的一些误解。

在我撰写的《科学与近代世界》一书中，曾在“关系本质”这个标题下探讨过宇宙视域这个概念。不过，那时只讨论了质的实有的视域，此时这个概念已得到了进一步拓展。

3. 有关存在类型最简单的理论是认为某些极端类型会独立于其他事物而存在。例如，希腊哲学家，尤其是柏拉图，似乎赞同这种关于质的抽象（例如数字、几何关系、道德品格等）的理论，也赞同对较高级的感性直觉进行质化揭示。也就是说，若根据此传统，即我们从自身经验中抽象出此时此地此环境中所发生事件的非理性特征，那么剩余的部分便是自我同一性、区别性和本质的相互联系的残余物，这些剩余部分与事件的推移没有本质的联系。据此理论，若舍弃转换因素，我们会将注意力集中于形式的永恒领域。在这个想象的领域中，没有推移，没有丧失，也没有获得。这个永恒领域自身具有完成性，能够自我维系，因而是“完全的真实的东西”的领域。

这个概念一直困扰着哲学，它永远不会远离希腊思想。后来，这个概念把希伯来因素转化到基督教神学之中。

必须承认在某种意义上，我们不可避免地将这些从推移、丧失和获得中抽象出来的形式领域作为预设。例如，最大值为十二乘十二的乘法表格是这个领域中微不足道的一部分。在一切关于已经发生和能够发生的事件的思想中，我们都假定只要相关，乘法表就从根本上质化了历史进程。它永远随手可得，不会逃离。只要我们有清晰视野，这种确定知识的因素就存在。但是，我们的视野有多清晰呢?

这个超时间的形式领域的概念产生了一些修辞学上的、窃取前题的词汇，如“自我维持的”“完全实在的”“完满”和“确定性”。

让我们按相反的顺序来研究这些词汇。我们在算术方面会犯错误，会误解数字和数字之间相互关系的确切含义。十七世纪和十八世纪的伟大数学家们错误地理解了他们研究的对象。比如，在无穷小的概念、运用无穷级数时必备的各项前提条件以及复数的理论上，他们的发现就充满了错误。

不论他们是神学家、科学家或人文主义者，这些教条主义者珍爱的幻想是人类知识领域的概念应以纯粹真理为特点。

同样，“完满”这个概念也一直困扰着人类的想象，我们不能将其忽略。但是天真地将其归于形式领域是毫无道理可言的。泥土的形式、罪恶的形式以及其他不完满的形式又是什么呢？如果把各类形式比作一栋房屋，那么这栋房屋中就会有许多超出其范围的大厦。

最后，共同探究一下“自我维持”和“完全实在”这两个概念。从本质上而言，每种形式都指的是其某种实现。数字概念，例如“五”和“六”指的是那些可以作为其例证的那些事物的概念。如果认为大到六的数字概念存在于真空中，那是极端愚蠢的。泥泞的概念与泥土相关，而罪恶的形式在某种意义上而言则需要罪恶的事情来例证。

因此，形式实质上指示的是超越其自身的部分。将除本身之外没有含义的任何“绝对实在”归咎于这些形式，这纯粹是幻想。形式的领域是潜在性的领域，而“潜在性”这个概念本身就有外延含义。这个外延含义涉及生命和运动，包含和排斥，也涉及希望、恐惧和意图。用更通常的说法，这个外延含义涉及欲求，关乎现实性发展，实现形式但又超乎形式。此含义关乎过去、现在和未来。

其次，万物都是以其自身的方式而成为某种实在的事物。当你认为某些事物是非实在的，你想到的仅是一种没有将“某些事物”包含在内的实在类型。但是，实际存在并不意味着能够维持自我。同样，实在的方式是互为需要的。哲学的任务即是阐述不同存在类型之间的关联。我们不能穷尽这些类型，因为它们的数量是无限的。但我们可以从看起来是极端的两种类型开始，然后在表达与其他类型的相互关联时将这些类型揭示出来。

我并非认定这两种极端类型在本质上比其他派生类型更基本，或更简单。但我认为就人类经验而言，这两种类型是理解存在类型的自然出发点。

这里所谈的两种类型可被称为“现实性类型”和“纯粹潜在性类型”。

这两种类型彼此需要，即显示性是潜在性的例证，潜在性是显示性的描述——不论是在事实还是在概念上。

同样，关联这两个极端类型时需引入其他类型，即“类型上的类型（type upon type）”。每种类型都表达某些构成模式。我认为，语言表达传统在对待构成模式时异常天真。

某些受到赞许的词，如“构成”，其本身就掩盖了反省所揭示出来的那些困惑。

此时我们最好还是反躬自问，我们在哲学思维的发展中要呼吁什么？证据又在哪里？

很明显，人类经验就是这个问题的答案，这些经验是通过文明互鉴来进行分享的。只要广泛分享，我们就能够在法律、在道德和社会习惯、在帮助人类获得满足感的文学和艺术、在对社会制度兴衰的历史判断以及科学中找到可证实这个答案的表述。这些表述也同样散播在词汇和语言所表达的含义中。

哲学是一种活动，斡旋于各类表达中。哲学找寻事物的类型，每种类型都例证了一种具有自身特征的实在。哲学所有的信息来源也同样表达了事物融合（interfusion）的各方面。因此，哲学的任务就是理解存在模式的融合。

最后还要考虑的一点是，哲学将其来源限定在人类经验所能揭示的世界范围内。

4. 在穿插回顾了证据后，我们回到上面所讨论的这个问题上：作为与潜在性极端相对的现实性，其含义是什么？

我们再重述一下：现实性和潜在性彼此需要，互为例证和特征。因此，为了理解现实性，我们必须要问：什么是特征？而具有特征的又是什么？

对于第二个问题已有很多种回答，每种都关乎人类经验的某些重要方面。可将这些回答归类为三个标题，即“实体”“事件”和“绝对”。但这些标题涉及延续了几个世纪的学术讨论，虽然并非朴素的经验，但是很重要。

我们可将更为直接的体验划分为两大类，分别进行深入分析。一类包括从先前事实中得来的质化经验的感受，这些感受被当下事实的个人统一所享有，并制约着未来事实。在这个经验类别中，包括外部衍生的感觉、内部直接享受的感觉以及向外传送的感觉。这种复杂的享受感涉及过去、现在和未来，既是复杂模糊的，又是不可避免的。这种享受实现了我们与外部世界之间的基本关联，也实现了我们自身的个体存在。它将我们当下经验作为历史的一个被引导出来的、真实的和有效的事实，并将这种体验感作为具有自身特性的一个单独事实的本质。这种经验的主要特征包括复杂性、模糊性和强制性。在某一方面，模糊性能够产生相对明显的分类，即将世界分为动物身体以及自然界的其他区域，前者是亲密、强烈和相互的表达所进行的区域，而感受的亲密性和强烈性不能渗透进自然界的其他区域。我的大脑、心脏和内脏都属于我自身，具有相互调整的亲密性。日出是一种由超出这种关联直接性的世界所传递出来的信息。身体的行为系统具有一种因素，可与个人经验中的质的转化发生直接关系。而外部世界与感受的变化之间的关系缺乏这种直接性。因此，不论为了实现抽象科学抑或医生的目的，哲学都难以与生理学分开。人体和直接经验的行为系统是紧密相连的。

5. 第二类人类经验与第一类具有截然不同的特征，缺乏紧密性、强烈性和模糊性。这类经验是由形式的区分所构成的，借由事实与身体的关系来表达这些外部自然事实。我们可称其为“感性知觉”。

既然感性知觉属于高级动物，那么我们将按照我们对它的认识，也就是按照人类经验来研究它。感性知觉是一个复杂体，从第一类人类经验的更原始的身体经验中衍生出来。它从其源头蜕变出来，改变了所有的重点。感性知觉的首要特征包括清晰、明白和无偏。它的次级衍生物是情感效果，通过唤醒除却自身之外的反应而获得。这就是休谟的理论。尽管他在描述我们对于感性知觉的反应时曾经用到了身体亲密性的初级经验，但之后只有他又忽视了这些经验。

在感性知觉中。我们辨识出外部世界，其各部分以质的形式为特征，并通过表达分离和联结的各类形式相互关联。这些质化形式就是感受材料，例如蓝色的阴影和声音的音调。空间和时间形式是表达区分和联结的形式。通过专注于感性知觉的这些形式来解释的世界，我将其称之为“自然界”。

这些质化和时空的形式主导着这个经验。这些形式不受情绪的影响，只是保持自身，即能够生动实现从负载情感的现实实例中抽象出来的事物。自然界缺乏推动力。

感性知觉是动物经验中抽象化的胜利。这种抽象源于选择性重点的增长。感性知觉赋予人类三份礼物，即一种达到准确性的方法，一种质化区分外部活动的感觉，以及一种对于本质联系的忽略。

高等动物经验的这三个特征，即近似的精确性、性质上的确定和本质的忽略，共同构建了人类经验中意识的焦点。

这种对于抽象意识的基本判断，即“除却与外物的任何关联而对这种性质做出例证的那种实体”，是亚里士多德逻辑学的基础。

同样，科学实践也建立在关于省略的同等特征之上。为了准确观察，需集中注意力，消除与经验模式无关的所有意识。但是，无关性是不存在的。因此，被忽视的关联模式是整个科学的基础，主导了抱有那些科学思维方式的社会群体。鉴于此，体系化知识的进步包含两方面：一种进步是发现这种体系所承认的结构复杂性；另一种进步则是发现体系的局限性。系统忽略了其自身对于存在方式的环境协调性所产生的依赖，这些存在方式与系统内实体具有本质关联。既然所有事物都是互相关联的，那么任何忽略某些事物的系统必然承受这种局限性。

强调高等感性知觉材料，如视觉和听觉，破坏了两个世纪以来的哲学发展。“我们知道什么”这个问题已经转化为“我们能够知道什么”的问题。后者已经被武断地解决了，其预设是当我们意识到这些感性知觉材料的时空模式时，知识便产生了。

6. 研究人类知识应当最先调查模糊多样性，可从人类经验转化中识别出这种多样性。以简单任意的前提（例如，将感受材料的时空模式作为所有知识的来源这个前提）作为基础是危险的。这些时空模式和算术模式中存在一些特殊性。从自身的想法出发，我很反感这种专注于乘法表和正多面体的做法；换言之，我反对这样一种说法：以数的关系为基础的拓扑学本身包含了一种理解事物本质的根本办法。当然，我们应该从更广泛和更具有渗透性的原则出发。算术和拓扑学只是专门性研究。

分类的普遍原则能够主导这个我们将自身人生称之为创造的过程，这些原则都是什么呢？我们仅能求助于自身的直接洞察——即笛卡尔所指的我们的“直觉”。我们的判断，即笛卡尔也同样借助的我们的判断力，需要一种直觉，以使能够提供材料以做出决定。因此这个问题是关于那些主导经验的基本方式。这些方式是分类方式，每一种都包括在本质上形成对照的差异。

我认为，作为我们经验的本质特征，应通过三组相反含义的词来表达分类的三种原则，即“清晰与模糊”“秩序与混乱”“善与恶”。我们应从这些经验方式开始来理解万物。

秩序与美德之间存在一种天然的紧密关系。指责人们“有秩序的行为”是反常的。毫无疑问，仅秩序出众是有局限性的，它会过分。但不以秩序作为部分基础就毫无杰出可言。纯粹的混乱会导致成就的缺失。这一讲的其中一个目的就是探究秩序与美德之间的紧密关系，并指出局限性。

这是一个宏伟的目标，尤其是当我们回想起欧洲思想史中最著名的演讲就是关于这个话题的时候。这篇演讲发表于大约两千三百年前，题目并没有暗指秩序。但我们确实知道其主题主要涉及数学。为什么当柏拉图坐下来撰写演讲稿“美德”时会自然地想到数学？这个问题值得我们今天从自身角度出发来进行探讨。我们并不关心演讲中阐明的精确数学理论，甚至也不关心数学与柏拉图所设想或误解的形式之间的精确关系。我们的主题是秩序与美德之间的关系，以及数学与秩序概念之间的关系。

初看之下，如果认为乘法表与基督登山宝训中的美德之间有某种重要联系，这个想法是荒谬的。然而，如果考量一下依据动物性的满足而形成的人类清晰经验的发展，就能够发现数学理解是深入认知美德本性的首要例证。同样，我们必须谨记道德仅仅是构成善的其中一方面，但却是经常受到过分强调的一个方面。

动物享有结构。它们能够建立巢穴和堤坝，能够穿越森林追踪气味。混乱和相互交杂的具体实现的事实支配着动物界。人类理解结构。他们从大量细节中抽象出支配原则，能够想象各种可供选择的例证。人类能够构建远距离目标，比较多种结果，并以最优为目标。但如何理解具有多种应用形式的结构决定了人类控制目标的本质。

成为人，需要学习结构，而成为动物只需要享有结构。动物享有社会关系；而人类能够了解社会关系中包含的确切的个体数量，并能够享有数量之间的确切关系。换言之，在从较低级的动物经验到较高级的人类经验的推移过程中，我们已经获得了选择的重点，借此可以清晰地定义有限的经验情境。

人类划分的清晰性既增强了每个独立情境的独特性，又同时揭示了自身与这些情境的本质关系。这种清晰性强调了有限的个体性以及与其他个体之间的关系。

其次，清晰性于即时实现中揭示了对事实性的某些分析。然而，通过这种揭示，其他在过去、现在和未来可供选择实现的多种可能性就会凸显出来。清晰性告知我们的是可能存在和可能已经存在的东西，揭露了歧异和相似。人类享有洞察事实内部形式功能以及从这种相互作用中产生价值的能力。在人类历史上，当对繁杂的模糊认识转变成对熟悉的精准观察，人类在理解形式之间的混杂交织方面迈出了一大步，这是作为揭示善的高级生命所必需的。

我想起了一个实例，证明至少松鼠尚未跨过这条文明的界限。当时我们住在位于佛蒙特湖畔森林中的一个很棒的营地里。一只松鼠在我们的营房内筑巢，将巢安放在火炉旁的砖洞里。它进进出出喂养小松鼠，完全忽视人类的存在。一天，松鼠妈妈认为小松鼠们已经长大并度过了哺育期，因此，将它们一个接一个地带到森林边缘。多年后，我回想起来共有三只小松鼠。但是当松鼠妈妈将它们放到外面的岩石上时，这一家人看起来与在营房巢内时大不相同。松鼠妈妈有些惊恐不安，跑进跑出两三次，以便完全确定没有小松鼠被丢下。她不会计数，也不会给小松鼠们起名字进行识别。她只知道岩石上的模糊数量与巢内的大不相同。松鼠妈妈的家庭经验中不能理解数字所施加的明确界限。因此，她隐约感到惊恐不安。如果松鼠妈妈能够计数，那么她就会体验到成功哺育三个孩子的明确满足感，或者如果丢失了一个孩子，她会感到强烈的痛苦。然而，松鼠妈妈没有充分体验到任何精确的限制形式。

因此，对于局限性的确切形式的直觉决定了对于善和恶的生动体验。数，在这些形式中占据首位。

7. 在讨论我们更深刻的经验，即宗教和神秘经验时，我们失衡地强调了对于无限性的单纯感受。这种感受支配下的任何生物，其级别都要低于松鼠。一切实现的形式都表达了有限性的某一方面。这样一种形式表达了它的本性是“这个”，而不是“那个”。换言之，形式表达的是排他性，而排他性意味着有限性。

世界的全部尊严源自于感受有限性范围内的积极成就，以及超越每一个有限事实的无限模式。每一种事实都需要无限性来表达超越其自身限制的必要关联。它表达的是宇宙的一个视域。

重要性源于有限性和无限性的融合。“让我们尽情吃喝吧，因为明天我们就会死亡！”这种呼声表达了纯粹有限性的琐碎化。神秘、无效、麻木的状态表达了纯粹无限性的空虚。那些强调无限性而牺牲历史中有限转化的神学者使宗教起了坏作用。在之前我们对于心智的讨论中，运用了三组反义词：清晰和模糊、秩序和混乱、善和恶。我们会很自然地将清晰和秩序与善联系起来；而将模糊和混乱与恶关联起来。例如，在书写一份证明书时，“她的思想清晰而有序”被认为是褒奖；而“她的思想模糊而混乱”则被认为是责难。这种判断的原因是：清晰和有序能够使其拥有者处理预见的状况，是维系现存社会情境的必要基础。但这远远不够。超越单纯的清晰和秩序是处理未知事件、产生进步和激励所必备的。若受到单纯结构的桎梏，生命就会蜕化。将经验中的模糊和混乱的因素结合起来的力量对于探索新事物而言非常重要。

对于宇宙的理解植根于这种促进的内涵。离开了它，万物就会变得无意义，不能产生变化。那么时间就不适用于事物的静止本性，存在就再无意义。而宇宙则退化成静止无用之所在，缺乏生命和运动。

在欧洲哲学思想史上，在伟大思想家的历史中，人们在这个问题上产生了一种奇怪的动摇。对于生命和运动的呼吁与假定无变化的最高现实相互交织在一起。人们认为不变的秩序是最终的完满，因此，具有历史意义的宇宙沦为局部的实在的地位，使人感到的只是单纯的概念。结果，我们摒弃了经验中最为明显的特征，让其成为形而上学体系中的从属角色。我们生活在一个动荡的世界中。哲学和受正统哲学思想影响的宗教不接受这种混乱，这是疲累颓废的结果。我们应该谨防那些表达了社会缓步衰落时的主要情绪的哲学。罗马帝国的衰落和东方文明的退化对我们的哲学思想遗产产生了不良影响。它表明头三千年进步文明已竭尽。我们需要更好的平衡，因为文明会起起落落。

我们需要哲学来解释秩序类型的产生，解释秩序类型之间的转变，以及在我们的经验中具有自明的宇宙中善与恶的混杂。这样的宇宙即是重要性之所在，而凝固不动的宇宙至多会成为加上空洞评论的纯知识的对象——仅此而已。

仅强调明确体验事物的特殊方面，这种做法虽推动了科学的发展，但也阻碍了哲学。以公元前四世纪数学的兴起对欧洲思想的影响为例。数学所研究的是在当时既没有引入转化意义，也没有引入创造意义的概念。希腊数学的唯一内容就是数和几何图形。

无须深思具有这些特殊数学形式的科学所产生的重要性。科学改变了文明，但对希腊思想的影响是极其复杂的。在希腊人对于科学的理解中，转化概念尚隐藏其后。每一个数字、比例和几何形式都展现出一种静止的状态。数字“十二”（在他们的概念中）与创造无关；“六比二”和圆形的几何形式也同样如此。这些理想形式对于他们而言是静止的、不受影响的、独立自在的——每一种都代表着其本身特有的完满。希腊思想对于数学基本概念的反应也是如此。人类心灵为这种对于永恒性的窥见所倾倒。其结果就是希腊哲学——至少是其最有影响的学派——将终极现实伪装成永恒相互关系的静止存在。完满与转化无关。万物及其变化的世界只是静态绝对的一种附属品。

8. 希腊黄金时代的这种推动力对于随后的欧洲思想的影响主要有三个方面。首先，哲学化了的神学继承了静态绝对，将其作为一个首要前提。

其次，结构的抽象。例如，数学概念和构成方式所包含的所有概念，都被赋予了一种显著的实在性，而撇开了将其体现出来的个别结构。

再次，这些结构抽象被认为是一种承载，就其本质而言与万物无关。过程已经丢失。

最终结果就是，哲学和神学负载了这样一个问题：从终极现实的静止世界中推究出变化的历史世界。这损害了我们对于知识的整体理解。终极智慧被勾勒成对于静止限制的静态冥想。从行为中抽象出来的知识被尊崇，而行为因此被认为与影子世界相关。柏拉图的演讲“善”中强调数学，象征着这种一直困扰哲学界的态度。

在那个时代，数学是静止的宇宙的科学，将任何转化都看作是静止形式的转化。当今，我们设想转化的形式。近代关于无穷级数的概念即是一种转化形式的概念，即作为一个整体的级数所具备的特征就是这样一种形式。一个级数的和的概念就是为这种转化形式所表明的最后结果的概念。

这种关注静止形式的被扭曲态度一直困扰着哲学界，但并没有得到完全控制。哲学传统中的杰出人物并不是仅仅依靠拥护自身独有的体系而取得卓越成就。体系化思想能够明晰洞察力，并将注意力导向能够例证特殊体系的经验方面。但是，宇宙是超出我们的有限理解力的。能带给我们启发的伟大思想家们欣喜于超越自身体系的洞察力。他们做出的陈述很难与我们加之于其名字之上的那些简便易行的思维方式相一致。例如，强调将静态数学实体作为超级现实的特征分量的哲学家同样在别处断言“生命和运动”属于现实的基本特征。他因此提出将问题“事物是如何发生作用的？”作为理解事物如何存在的一种方式。同样，另外一位将经验材料中的联系归纳为感受材料的单纯连续的哲学家同样呼吁“展望 (expectation)”的事实。这种从连续中派生出展望的做法对休谟来说是一个可理解的事实。我们不是体验单纯的连续，而是辨别出连续的形式，而对这些形式的假定则困扰着哲学思想，并支配着我们的日常经验。

柏拉图和休谟阐明体系对于理性思维至关重要。但是他们同样认为封闭的系统意味着鲜活理解力的死亡。在他们的解释中，他们游离于所有体系之外。因此他们在其自身的规范中阐明我们的基本见解是清晰与模糊的综合体。清晰的明确焦点逐渐隐入到延伸于纯粹外在的黑暗的模糊环境中，被部分理解的连续形式隐约地揭示了的经验中的这种环境。

9. 我们要理解静态形式的单纯存在是如何要求自身投入到变化着的历史世界的创造中去的。存在着一种创造形式。我们要理解宇宙的统一性是如何要求其杂多性的，也要理解无限性是如何需要有限性的。

我们要理解每一个当下展现的存在是如何需要其过去和未来的：过去先于自身存在，而未来是自身存在中的基本因素。因此，在直接存在中包括三个因素，即过去、现在和未来。依此，有限存在的即时性中会保留作为视域延展的无限性。

同样，我们要理解单纯的事实性如何保留与超越其自身实现的现实性的各种可能性之间的关联。具体的实现（也就是说历史事实）的特征充满着各种可能性，这个特征排除了不同的关联类型。在当下展现的现实中具有过去的各类特征，一部分被重现，一部分被排除；也具有在当下并存事实的特征，一部分被分享，一部分被排除；同时还具有未来的可能性，一部分做好准备，一部分被排除。若摒弃了与过去、共存的当下和未来之间的关联，并摒弃了与保存或破坏创造形式之间的关联，这种对于当下事实的讨论便使宇宙失去了基本的重要性。若缺失了视域，就只剩下琐碎。

例如，在某个音乐会大厅里，在即时的“看似真实的现在”中存在着即时音量，存在着支配随后各个体验时刻的交响乐，存在着这种交响乐得以演出的具有创造力的天才感，存在着具有创造力天才（管弦乐队的艺术家、指挥、作曲家）的多样感，存在着可立即实现的静态形式的多样感：

乐器的形式、管弦乐队的空间分布、每一瞬间声音的数学分析和乐谱。最后，留给我们的是四种描绘经验的主要方式。首先，审美经验内部主要有三个方面：天才感、揭示感和挫败感。我们同样保有事实性的三方面：统一性经验、杂多性经验和转化性经验。

我们明晰了分类的三个基本依据，即清晰与模糊、秩序与混乱、善与恶。

最后，蕴含于创造过程的存在包含两种终极类型。一种是潜在欲望和实现的现实中双重存在的永恒形式；另一种是作为当下中的过去和当下即时而双重存在的实现的现实。在当下即时中存在着对于未实现的未来的渴望。思想家如何对待这四种存在方式，决定了哲学的样貌，也决定了思维对于生活实践的影响。

第五讲
过程的形式

在这一讲和下一讲中，我们先来探究一下历史世界中各个结构所展现出来的多样的统一体形式。这些形式的例证包括脉搏、分子、岩石、植物的生命、动物生命、人的生命等。在之后的讨论中我们会涉及相对模糊的那些统一体形式，如最广义的社会学、自然规律和时空联系。

我们的讨论已经开始聚焦于探究那个统一体的最终模式上了，凭借这种模式，潜在可能性的多样形式中尚存有目的的稳定性；凭借这种模式，在有限的现实事物的有限的重要性之外尚存有重要性。换言之，对有限事物而言的重要性是如何需要对无限事物而言的重要性的?

关于这点，笛卡尔提出了完满 (perfection) 这个概念。他选择的这个概念太过于有限和模糊。他在讨论中陷入了一个错误前提，即那种静态存在着的最终完满构成了这个与我们的经验相关的重要性概念。他应当采用更为广泛的重要性概念。在何种意义上存在“宇宙的重要性”？“有限事物的重要性”是否包含了“无限事物的重要性”呢?

2. 需要指出的第一点是当我们从较小的结构单位过渡到较大的结构单位时，发生了由偶然性到必然性的转化。一篇演讲中的一个简单句子内存在着很大的偶然因素。当演讲者撰写演讲稿时，整篇讲稿在一定程度上必然反映着他的性格，这种性格是由其全部生活的社会条件所塑造的。这些条件倚赖于历史时代，而这个历史时代则是从地球上的生命进化中衍生出来的。正如我们的经验所揭示的那样，时空星系中所观察到的秩序决定了地球上的生命。这些秩序的特殊形式没有展现出任何最终的必然性。自然规律是在活动的广大时代里恰巧流行的那些活动形式，我们模糊地将这些形式辨别了出来。这里产生了一个问题。在时间上能够广泛拓展的秩序形式始终存在。本质上这些形式并非必然要存在。但是，经验的重要性要求秩序需具有充分的稳定性，这一点是必然的。彻底的混乱等同于彻底的破坏。然而，历史的转化呈现出秩序形式的转化，一个时代让位给另一个时代。如果我们一定要参照前一个时代的秩序形式来解释这个新时代，那我们所看到的就是一团混乱。同样，鲜明的界限也是不存在的。总是有些秩序形式居于统治地位，而有些遭到破坏。秩序从来都不是完全的，破坏也从来不是完全的。在占统治地位的秩序内部存在着转化，在居统治地位的新的秩序形式中也存在着转化。这种转化破坏了流行的统治状况。然而，这正实现了振奋生命的那种充满活力的新事物的实现。

要破坏既定秩序以寻求生命的本质。宇宙抵制“完全符合”所带来的死气沉沉的影响。宇宙朝向新秩序，将其作为重要经验的一个基本需要。我们需要解释为何要以秩序形式为目标，为何要以新秩序为目标，并解释成功和失败的衡量标准。我们仅初步地理解了历史过程的这些特征（尽管这些理解也很模糊），尚未享受到经验的合理性。

由于预先假定了静止时空的必然性以及秩序的物质形态，西方哲学的发展受到了阻碍。近两百年来，科学知识的发展完全推翻了这种必然性假定赖以建立的所有基础。但是，这种假定仍残存于一些科学家的理论体系中。即使明确否定了这种假定，这些人仍默许其存在。在当今文献中，我们发现这些作者，既否认违反了自然秩序，也拒绝从哲学上证明他们自身持这种否认态度的理由。

我们必须解释趋向秩序的这种潮流，秩序是对经验最基本的解析。我们还必须解释为何破坏秩序，以及为何任何特定的秩序形式中缺乏必然性。

3. 首先，我们必须探究“过程”（process）这个概念。只有分析了材料、形式、转化和结果的相互交织情况，我们才能领悟这个概念。过程带有一种节奏感，借此创造活动发生自然搏动，每一次搏动便形成了一个历史事实的自然单位。通过这种方法，我们就能够从相互联系的宇宙的无限性中依稀辨认出有限的事实单位。如果对于现实事物而言最基本的因素是过程，那么每一终极个体事实都一定可以描述为过程。牛顿描述物质时，把物质从时间中抽象出来，在“某一瞬间”构想物质。笛卡儿也是这样描述的。如果过程是最基本的，那么这种抽象就是错误的。

材料、形式、转化和结果相互交织，这是每一个事实单位所具备的特征。现在，我们需要更详细地对其进行考察。但我们必须先进行严格的抽象。在历史世界以及形式领域中，每一个事实在得到充分实现后，都具有无限多的关系；这些关系即是这个事实的宇宙视域。我们只能选择这其中极少量的关系加以思考。若要充分理解这些抽象出来的关系，我们必须依据这些关系所具有的无限性。我们的体验远多于我们能分析的部分。因为在体验宇宙时，我们在意识中分析的只是其细节中极少的一部分。

现实事物的任何一次搏动的材料，都包含了与之相关的先前宇宙的全部内容。这些内容就是这个宇宙，可从其细节的杂多性的角度来考量。这些杂多性是一些先前的搏动；在事物本性中，还藏有各类形式，它们或已实现，或作为潜在形式有待实现。因此，材料中就包含现在已有的、现在可能已有的以及可能有的东西。在这些词汇中，动词“有”(to be) 指的是与历史的现实事物相关的某种方式。

这就是材料。从这些材料中产生了一种过程，具有转化形式。这一过程单位是尚在探讨中的现实事物的“貌似真实的现在”。它是一种构成、分级和排除的过程。在成为现实的过程中，每一细节都需参照其他细节进行自我分级。任何因素若要起作用，都需要排除材料中的一些成分，因为这些成分不能与过程中起作用的那个细节相互调和。既然排除是一个积极事实，那么排除掉的材料作为背景就为整个搏动添加了一种感受的格调。我们只有认识到历史事实逃避了什么以及这种逃避具有狭隘性时，才能理解任一个历史事实（无论它是个人的还是社会的）。我们只有参照西班牙的两次失败经历（十九世纪对加利福尼亚的统治和十六世纪对英格兰的统治），才能完全理解欧洲人在北美的那段历史。

一切现实性都包含了从现实材料派生出的形式的实现。现实性既是各类质的合成，也是合成的一种形式。合成形式指定了在材料中实现的那些形式是如何进入合成的有限过程中去的，并因而成为具有自身例证和放弃物的新现实。有一种新实现的过程形式，能够处理复杂材料形式，并成为现实。但任何现实都不是一种静态的事实，其本质是宇宙的历史特性。我们只有在构成未来的那种活动材料中才能理解完整的事实。

当我们认为所考察的过程已完成时，我们就已经在分析一种为其他创造而存在的活动资料了。宇宙并不是一个用玻璃柜陈列标本的博物馆，也不是一支训练有素、步伐整齐地行进的队伍。近代科学虚构了这些概念——如果恰当地理解这些概念，它们还是非常有用的。科学研究的是重大的平均影响，这在特定观察方式中很重要。但是在人类思想的历史中，没有任何科学结论是未经修改而存在的，这些修改来自于我们对于相关知识的微妙体察的急速增长。

4. 为了考察转化形式的概念，我们将要深入探究其中最简单的一个例子。一般认为算数是与过程的各类特殊形式相关。我们应在此反驳 “重言式”这个流行概念。试想将两个集合数融合为一个集合数，每一个集合数的特征都具有三重性（triplicity）的特征。“二乘以三”的概念在本质上就是过程，表达了过程的特殊形式。这个形式的特性来源于两方面。一方面是在融合过程中两个集合数都具备的三重性。个体性（individuality）原理支配着每一集合数和集合过程，根据此原理我们可以得出这个三重性。这样就出现了两个集合数成为一个集合数的融合过程。我们现在正从数字的角度来考察这一集合数的特征。如果认为融合过程在遵守辨别个体事物的原则的同时必然产生六这个集合数，这是不正确的。

试以水滴为例。每一滴水的外层都有表面张力。假设有两组水滴，每组三滴。将两组水滴融合时，既可能结合为一滴，又可能打散而成为五十滴。若以“二乘以三”作为先决条件，这个过程通常是不会破坏个体性的相关原则的。但很难清晰地解释“个体性的原则”这个词组的含义。一个医生开了一剂两茶匙药量的药方。实际上一个甜品匙也可以盛放这个药量。因此，茶匙的实际个体化可能并不重要，或者可能从未做到。

“二乘以三等于六”这个陈述参照的是一个没有给予特定说明的特征原则，在融合过程中应保持这个原则不变。“二乘以三”这个短语指的是一种维系个体性原则的融合过程形式。更为概括地说，算术语汇所涉及的是过程的特殊形式，得出的集合数具有某种特定的算术特征。这个过程具有严格的形式，在上述情况下，会得出一个具有那样特征的复合实体。

很抱歉，我用了这么冗长的篇幅来强调这种琐碎的问题。也许你们中会有人认为我在反对一种流行的信念。这种近代流行理念认为“二乘以三等于六”这个短语是一种重言式。也就是说，“二乘以三”所表达之意与“六”相同；因此这句话中没有新的真理出现。我认为这句话所考虑的是过程和结果。当然，一个过程的结果是超越其自身过程的材料的一部分。但是，这个抽象表达“二乘以三等于六”中，“二乘以三”表明了一个变量的过程形式，而“六”则表明了复合事实的特征。

我们在解释语言和符号时很天真，忽视了含义之间的细微差别。如果我们说“六不等于七”，那么我们就否定了“六”和“七”的一致性。在这个短语中，“相等”这个词意指一致性。如果我们说“二乘以三与二加四的和相等”，我们就表示两个不同的过程产生了同样数字特性的合成体。“相等”的含义，或“是”的含义在每个例子中都不同。

我想说的最后一点是数学所研究的是某些特定的过程形式，这些形式能够得出另外的一些形式以作为下一个过程中的成分。在前几讲中，我们注意到在数学中过程形式本身具有了一个无穷级数的概念。

这种讨论是对柏拉图一种迟到的追忆。因为他的永恒数学形式在本质上是与过程相关的。当他提到“生命和运动”的必然性时，即是在陈述他自身的理念。但是，他仅是间或地记住了这一点，他更倾向于将过程视作单纯的表象，把绝对现实视作与转化无关。对他来说，在这种情境下，数学属于稳定不变的永恒，这样他就接受了“重言式”。

5. 我们只能按照存在类型在创造活动中所表达的含义，来解释其本质。这种活动本质包含三个因素：材料、具有与这些材料相关的形式的过程以及得出下一个过程的材料的结果——材料、过程和结果。

另一种做法就是将宇宙归结为一种空洞的重言式的绝对事物，而“生命和运动”只能是一个梦想。与所有发现一样，数学的发现不仅推动了人类理解力的发展，而且产生了新的错误方式。数学的错误就是引入了形式的理论，却排除了“生命和运动”。

思想家们认为，当思维活跃的希腊人接触到埃及思想时，希腊哲学中的“最高存在”理念就受到了当时最新的数学发展的影响。希腊人误解了各种数学概念之间的关系。实际上，一切数学概念都是与混合过程相关的。数的概念本身所指的就是从个别单位到复合的集合的过程。最终的数不属于任何一个单位，而是描绘了获得群组单位的方式。因此，甚至也不必将“六等于六”这个陈述看作是一种单纯的重言式，而是将其理解为：支配一种特殊结合形式的数字六产生了作为下一步过程的材料的特征的数字六。只作为单纯静态数字的实体已不再存在，只存在从世界－过程中抽象出来的各种不同过程中发挥自身作用的数。

因此，“世界－过程”的概念可理解为过程的总体概念。必须把最高存在的概念运用到合成过程的现实事物中，即运用到不局限于历史领域中任何特殊时期的材料的现实中。这个概念所具有的概念欲望的无限性是其现实的基础，而此种概念欲望与从“世界－过程”中接收到的材料之间的融合产生了其过程形式。在世界中，这个概念一直以生动经验为目标，积蓄潜在可能性并整合成就。过程的形式与产生过程的材料相关，而结果是统一化了的结构，将自身假定为在未来历史世界中起作用的一种材料。

我们的经验材料分为两种：已实现的事实性和事实的潜在可能性。这些可能性可进一步区分为两种：纯粹抽象的可能性，与材料或结果中实现的特殊关系无关；因与实现密切相关而获得接受的可能性。后者是动因，支配结构形式以产生结果。这种支配产生了一种具有活力的规定性，借此，材料得以保存或丢弃。

只要材料存在着广泛的相互一致性，具有活力的合成形式就能够将这种一致性转化到结果中，以此来保留对于未来的统一性。在此，我们拥有的是在小幅变化中维系大规模同一性的基础。行星、岩石和生物都见证了这种对同一性的广泛维系；但是，它们也见证了这种维系的偏狭性。在已实现的现实中，没有任何东西与之前的自我保持完全的同一性。在已实现的现实领域中，这种自我同一性是偏狭的：它适用于某些目的，支配着某几类过程。但是在其他过程类型中，差异是很重要的，而自我同一性是一个有趣的虚构故事。例如，若为了继承现实的遗产，一个三十多岁的成年人与从前那个出生不到十个月的婴儿基本上是同一的；但是，若驾驶一艘游艇，成年人则与孩童有着本质区别，同一性由此退化为一种形而上学的无关联性。只要保留同一性，自然规律就自然存在。只要同一性衰减，这些规律就会更改。但是更改本身也可能是合乎规律的。个体的变化中也可能会显示出一种变化规律，例如，从幼年到成年人的改变。然而这种变化规律自身也会改变。例如，物种的兴衰，文明的起落，或天体历经一系列阶段后的逐渐形成。

在上述任意一个例子中，随着变化的出现，新的存在类型也可能会出现，并受到新的自然规律的制约，这些自然规律产生于那个新环境。换言之，材料、各类过程形式和产生新材料的结果都依赖它们所处的时代以及支配那个时代的过程形式。

任何过程形式的反常动荡所引起的情感动荡都是最引人注意的。人类已接受缓慢的渐变，但对于人类经验来说，如果发生了突变，人的本性就会陷入歇斯底里的状态。例如，狂风、暴雨、地震、社会习惯的革命、重病、烈火和战争都是激发人类特殊情绪反应的情境。我们有充分的理由解释这种突变的强烈反应。我认为，这既展示了我们对规律秩序的主导地位的情绪反应，也展示了我们对这种秩序遭到破坏时的反应。当本质改变发生时，有时如登九天，有时如坠地狱。

6. 人们过于注重单纯的材料和单纯的结果。存在的本质在于从材料到结果的转化，这是自我规定的过程。我们一定不能用被动的形式来理解死板的材料。材料将自身信息传递到过程中，并支配其形式。我们一定不能只关注结果。存在的直接性处于流变之中，生命的生动性寓于转化之中。生命具有的形式以获得结果为目标。现实的本质以自我形成为目标。

我在这几讲中形成的一个主要理论就是，从任何一种意义上而言，都不能从“过程”中抽象出 “存在”。过程和存在的概念是互为前提。从这个论点得出的一个推论就是关于过程的“点”这个概念是谬误的。在这里“点”概念指的是：可将过程分析为最终现实的结构，这些结构中没有过程。

例如，瞬间的概念缺乏任何时间的延展——比如说，某一天的中午。这样的概念是点概念，缺失了过程。同样，另一个例子是空间中的一个点。反之，空间的延展是转化的幻影，只有通过某种转化过程才可体验到。在近三十年中，以带有些许朴素性的光的理论形式，这条真理征服了近代物理学。

在这些特例之中蕴含的基本原则是：这两个错误概念——缺失个体的过程概念和缺失过程的个体概念——永远不能彼此协调。如果你以其中一个错误概念作为开始，必须认定另外一个也毫无意义。

正如算术中详细阐述的那样，数这个概念一直受到这种偏见的影响，这会导致错误的分离。每种个体事物都缺失数量性；而一个静态的集合数却以数字为特征。按照这种方式，我们在进行算术研究时可能缺失过程，因此数学一直被看作一种为虚伪的形而上学充当避难所的测试场。

当柏拉图思考数学时，将其设想为一个无变化的形而上学的世界，并将其与转化世界中单纯的模本相对比。然而当柏拉图思考活动的现实事物时，又趋向于相反的观点。

他借助“生命和活动”将形式从空洞无意义中拯救出来。

在这几讲中采用了柏拉图的关于“生命和活动”的第二种理论。融合的数学方式，例如“加法”“乘法”“级数形式”等都被解释为过程的形式。“相重数”这个概念本身就被解释为对过程形式的抽象，借此，材料获得了成为一种新材料的结果的统一性。

7. 过程和个体性相辅相成。如果彼此分离，所有意义就会消失殆尽。过程包含个体，过程形式（或者换言之，欲望）从个体中获得了特性，并且只能从过程的角度来理解个体的特性。

这个理论中产生的一个难题是：如何证明关于推理的某种一般性的概念呢？因为如果过程依赖个体，那么不同的个体其过程形式也不同。因此，对于一个过程的描述不能适用于另一个过程。对于包含在不同过程中的个体的同一性概念，也存在同样困难。我们的理论看起来已经破坏了合理性的真实基础。

关键在于每一个别事物都会影响自身所参与的过程，因此，不能脱离具体事物而去探究过程。反之亦然。所以，逻辑和数学中的绝对一般性就消失了。同样，归纳法也无从谈起。因为在其他情况下，会产生其他结果。

为了研究这个问题，首先需注意这个问题很难与常识保持一致。各类科学和研究课题之间的差别都证实了这一点。没有人会为了欣赏莎士比亚的十四行诗或巴赫的逃之曲而研究地质学。地质学的讨论范围与十四行诗或逃之曲大相径庭。因此，一篇地质学论文中所讨论的相互关系与在一首十四行诗或逃之曲的结构中所揭示的相互关系会大不相同。但是，的确也存在些许类似之处。有时这些类似之处还很重要。例如，希腊人发现了弦长与音调和谐之间相类似，以及建筑物面积大小与结构美之间的类似。

因此，因多样化而产生的差异并不是绝对的。类似在多样化中幸存下来。理性主义的方法即是讨论类似。理性主义的局限性在于多样性是不可避免的。可以将文明思想的发展描述为在多样性中对同一性的发现。例如，在一段日子与一群鱼之间，其数目上具有同一性。

若要全部理解世界，需要从包含个体的同一性和多样性的角度分析过程。各类个别事物相互联系，形成共同过程，共同过程的特征反映了各类事物的特征。我们无论从哪一端出发进行研究都可以，也就是说，我们可以先理解过程然后研究个体的特征描述；或者我们先描绘个体特征，并将它们视作相关过程的构成部分。实际上，两者的差别只在于研究重点的不同。

但是，这种抽象的可能性产生了一种作为所有思想基础的根本直觉，借此，我们可以单独研究个体和构成这些个体存在的过程形式。从个体事实经验到特性概念的必要过渡中存在着这种直觉。由此，我们着手研究一系列事实中存在的特征的稳定性概念。由此，我们着手研究某一既定的连续路线中一系列事实的局部同一性概念。由此，我们着手研究事实的潜在可能性，以维系这种连续中的局部同一性。

换言之，只要我们运用抽象来分离连续形式概念和所包含的个体事实概念，就必须引入潜在性概念，即连续的事实潜在性和事实的连续潜在性。我们所有的知识都是去构想连续性和个体事实之间存在着的各种可能的相互适应的情况。我们说从效果而言，这些事实与这些连续形式是一致的。我们会考虑个体和连续的各种潜在可能性。单纯的直接的例证仅是我们经验的一个方面。

8. 只要承认了过程这个概念，若要理解存在，最根本的就是潜在性概念了。如果从静态事实的角度来解释宇宙，那么潜在性就会消失。任何事物都是其自身的样子。连续仅仅是由感知的局限性而产生的表象。但是，如果我们认为将过程作为开始是最基本的，那么现在的现实性就会从过程中获得特性，并将这些特性加之于未来。即时性实现了过去的潜在可能性，而存储了未来的潜在可能性。希望和恐惧、喜悦和幻灭都是从事物本质中极其重要的潜在可能性中获得意义的。我们追寻希望的痕迹，或逃离恐惧的追逐。直接事实存在的潜在可能性构成了过程的驱动力。

在此，我们必须停止讨论了，因为已经说得太多了。宇宙的本质不只是过程。伟大人物绝不会相信缺乏过程的其他形而上学的理论，除非这个理论表达了我们经验中的某个根本方面。例如，牛顿推崇绝对空间概念，这可能是错误的。但这个信念仍然证明了一个对他而言很明显的事实，即过程概念不适用于宇宙中的一些因素。至少历史实现中空间关系的潜在性在他看来是一个与时间无关的事实。他没有这样来陈述这一点。这种间接表述会柔化他对于独立的空间实在性的信念。

但是，可以这样表述，相互关联的形式与当前历史时期之间存在势不可当的相关性，其例证之一就是空间关系概念。这个概念同样阐明了归纳法依据的主要原理，即过程形式主要源于相关的基本事实，并倾向于维系自身以支配其在未来的实现。这是潜在形式的不同关联的理论。因此，培根和牛顿的信念中隐含着当下的潜在性的理论，这个理论描绘了未来实现的特征。形式的意义就在于在当下具有双重活动性：形式描绘了当下的特征，并依此塑造了未来过程的形式。

另外还要补充两个人物：柏拉图和莱布尼茨，柏拉图提出了最高的形式领域，而莱布尼茨肯定了各自具有过程形式的单子。莱布尼茨的理论很易使人想起笛卡尔的解析几何学，其中，每一条曲线都用一个作为曲线描述形式的代数方程式来表示。其难点在于将静态形式与动态过程联系起来。在将静态的即时事实与具有过去和未来的历史过程相联系时，是存在一个类比的困难的。进一步的问题是表达事实之间的相互关系，每一种关系都具有自身的自足（self-sufficiency）措施。每一个事实若都仅是那个受限的事物，那么这些事实之间如何相辅相成？若最终，每一个即时事实都具有潜在性。那么，在何种意义上一个事实能够具有这种作为形式实现能力的潜在性呢？换言之，形式的实现若与其他情境中其他形式的实现相关，那么这种实现如何将这种相关性包含在自身的本质中呢？

上述列举的问题是经验中老生常谈的一些概括性的说法。这些问题仅仅表达了在经验的每一刻我们的生命一定对我们意味着什么。正是由于这个原因，语言不能用来分析。我们不必相互指出存在的必要性。语言主要预先假定这些必然性并强调偶然性。我们很少提及什么必须存在，而是提到什么可能不存在。哲学讨论的全部困难在于语言的这种无力感。上一代人用英文撰写的一部哲学著作，名为《空间、时间与神》。塞缪尔·亚历山大用这些用语向我们呈现出一个困扰人类严肃思想的问题。“时间”指的是过程的转化，“空间”指的是每一种相互交织的存在形式所具有的静态必然性，而“神”则表达了超越即时事实的潜在性这个理想的诱惑。

9. 除却了时间，目的、希望、恐惧和能量都失去了意义。如果没有历史过程，任何事情都仅仅是其本身，即，一个单纯的事实而已，丢失了生命和运动。除却了空间，就不存在完满，空间表达了成就的停顿，象征着即时实现的复杂性，是关于完成的事实的。从时间和空间的角度，宇宙包含了转化的本质和成就的获得。转化是真实存在的，成就也是真实存在的。语言的困难就在于表达其一而搪塞其他。

最后，神作为宇宙中的一个因素而存在，借此产生了重要性、价值和超越现实的理想。正是通过空间的即时性与神的理想之间的关联，引发了超越我们自身的价值感。超验宇宙的统一性和实现了的现实事物的杂多性都因神的这种意义而进入我们的经验中。除却了这种超验价值感，现实的他在性（otherness）将不会进入到我们的意识中。超越我们自身的价值必定存在。否则，体验的每件事就不过是在我们自身唯我论的存在模式中的一种空洞的细节。神之所以具有意义，是因为很明显，世界存在许多现实事物，而且世界具有统一性，以保留已实现的价值，并转化为超越已实现事实的理想。

因此，空间、时间和神是普遍用语，用来阐释三类反省概念。从这些概念的角度来理解事物的本质体现了人类与其他动物之间的区别。这种区别并不是绝对的。种种迹象表明，在对即时事实的即时享受之外，高等动物还具有理解和信念。同样，每一个人的生命主要是从此即时性到彼即时性的无声无息的历程，缺乏高级反思。但是，尽管一直强调动物和人之间的种种类似之处，两者在反思经验的影响方面仍然存在很大的差异。这种反思经验具备三个主要特征，三者之间相辅相成，构成完整意义。空间经验，即共同联合的经验；时间经验，即承前启后的经验；以及宇宙的神的经验，即关于理想（接受的理想、指向的理想、达到的理想和破灭的理想）的经验。这个最终经验所产生的相互交织的成功与失败是至关重要的。由此，我们体验到一种与宇宙而非与自身的关系。我们实质上是从“我们不是什么”的角度来衡量自身的。这种唯我主义的经验无所谓成功或失败，因为它即是一切存在，缺乏比较的标准。

人类经验明确地将自身与一个外部标准联系起来。因此，我们认为宇宙包含一种理想的来源。

此来源的有效方面是神，蕴含于即时经验中。历史的重要感是这种将宇宙视作永恒过程的直觉，在理想的神的统一性中永不褪色。

因此，在神和历史过程中存在着一种本质的联系。鉴于此，不需要完全依赖过去而产生过程形式。随着时代在徒劳和挫败中衰退，包含新秩序的其他理想中会产生过程形式。

科学从以往成就的各种形式中探究过去并预测未来。但是，当现在开始对所继承的重要性方式进行自我破坏时，神学影响就在历史过程中注入了新目标，以达到其他理想。

科学所研究的是过去转化的事实。历史将目标与理想联系起来。而在科学与历史之间，存在着关于能的神的冲动作用。世界的宗教推动力将死板的事实转化为鲜活的历史剧。鉴于此，科学永远不能预知历史上层出不穷的新事物。

第六讲
文明的宇宙

在这一讲中，我们寻求一个关于宇宙概念的证据，来证明描述人类社会各文明阶段的理想的正当性。

我们已经假定，很多现实事物在历史进程中的协调形式、各自的重要性以及宇宙统一性中共同的重要性，都是具有自明性的。正如前几讲所讨论的那样，我们必须清楚地明白，我们不是从明确定义的前提出发来进行论证的。哲学是探索前提，不是推演前提。之所以推演，是为了用结论的论据来验证出发点。

专门科学接受哲学的前提，并通过专门问题的形式将其缩减转化得比较清晰。同样，即使在局限于一些专门主题的推演中，推演逻辑中也不存在绝对的确定性。由于假定了指定主题之外的那些考虑是无关的，因此这些前提就假定了其有限的清晰性。我们按照其个体孤立状态下的简单性去设想这些前提。但是，不能通过逻辑检验来验证这种可能性，因为详细阐述构成的推演步骤可能要考虑相关性，而问题的基本概念是从这些考虑中抽象出来的。永远不可能充分确定各种不同视域的相互一致性。

科学冲破了它们原来假定的束缚，这样的例子在科学史中比比皆是。近半个世纪以来，人们认为即使在算术中运用的纯粹抽象逻辑，也有必要引入类型理论，以纠正原始前提中的疏漏。

因此，演绎逻辑并没有惯常赋予它的那种绝对至高无上的地位。在运用于具体情况时，演绎逻辑是一种试验性的步骤，最后需由其结果的自明性来判断。这种理论将哲学置于实用主义的基础上。不过，必须广泛地拓展“实用主义”的含义。在许多近代思想中，一些专家武断运用假定限制了其含义，但是这些独断的否定不会使实用主义排除自明性。实用主义所诉求的仅仅是在文明的经验中维系自身的那种自明性。因此，实用主义最终诉求的是文明的广泛自明性，以及我们通过“文明”所意指的事物的自明性。

在我们结束对于演绎逻辑的讨论之前，最好提一下“变项”在逻辑推理中的作用。在这种联系中，“变项”一词可用符号表示，以命题形式出现，仅表明这个命题得以有效适用的任何实体，以便构成一个确定的命题。同样，变项虽然是不确定的，但在整个论证中仍然保持了它的同一性。这个概念最初假定了算术的重要性，用 x、y、z 这些为人熟知的字母表示任意数字。在亚里士多德的三段论中，试探性地出现了这个概念，例如，“苏格拉底”这个名字表示“在整个论证中相同的任何人”。

变项的运用表明，在一系列推理中“任一”的某种运用的自我同一性。例如，在基础算术中，当 x 首次出现时，它表示“任一数字”。但是在推理过程中，x 的再次出现总是表明与首次出现的数字所“相同的数字”。因此，变项是“任一”所传递的模糊性与一个具体指征的明确性之间巧妙的结合。

在通过变项的使用而向前推进的逻辑推理中，一直存在两个隐形前提。一个是：当推理得出新的结构时，表示结构的明确符号保留同样的含义；另外一个是：当变项被某些明确的实例所替代时，每个变量的自我同一性得以保留。在向新领域的任何推进中，都不能保留完整的自我同一性。唯一需要考虑的问题是这种流失与论证的目的是否相关。摇篮里的婴儿与中年的成人在某种意义上是完全相同的，而在他种意义上又是相异的。那么，得出结论时，一系列的论证是得到的统一性的证实呢，还是受到了相异性的损害呢？

我们因此将演绎逻辑误认为是讨论形而上学的一个主要工具。这种讨论旨在揭示自明性。缺失了自明性，演绎推理就失效了。因此，逻辑往往将形而上学作为预设。

2. 我们将自身假定为现实事物世界中的现实事物，而我们这样做的主要依据是什么呢？为了有效推断与我们自身相协调的现实事物的世界，不可能从关于质化细节的纯粹主观经验出发来论证。否则，“接受形式（form of reception）”就会仅是一种假托方式。换言之，接受形式被归结为一种对我们自己的唯我主义存在的描述，描绘了我们个人关于质化模式展现的个体经验。接受形式记述我们内部的一种活动，而不把我们记述为其他活动中的活动。它没有注意到我们将自身看作是生物界的生物，而将我们归结为一种对单纯外表的享受。在这样的前提下，就没有材料来洞察一个有许多协调的现实事物的世界。

在讨论我们的经验时，首先需要注意的一点是在我们对于质化细节的清晰意识中存在外表上的可变性。“这”是红的，“那”是高声的，“另一个”是方形的，这种决定性意识是努力去集中注意力和进行排除的结果。同样，永远不能够维系住这种意识，变异总是不时地闪现，并随着注意力大幅度的转移而变化。意识是一种持续转变的过程，从本质存在的整个过程中抽象出易变的质。意识有所强调，但是，如果我们忘记了背景，那结果就会变得琐碎。

在质化细节上集中注意力可以产生关于这些细节的单纯连续的意识。例如，我们记录一种蓝灰模式接替红绿模式的过程，如果听到一声清澈的钟声，这个体验就会结束。这是一种质化的主观经验，别无其他。整体是无意义的。这是通过集中于意识的抽象而取得的一种明确的体验的结果。

但是，我们意识到的不能仅是清晰性，还有清晰的重要性，这需要我们根据那些隐约困扰存在完整性的大量问题来解释清晰性。

近几个世纪以来，著名的认识论之所以如此薄弱，原因正在这里。认识论将经验的完整性解释为对于感受材料初始清晰度的一种单纯反应。其结果就是将产生反应的材料局限于感受材料。这些哲学思想的现代流派仅能这样提问：继红绿模式之后是蓝灰模式，而后又是清晰的如钟的声音，人们对这种情况的情感反应是什么？答案是：看你喜欢什么。除非你是一个博学的知识分子，否则你若是美国人，就会遵循格林尼治村和哈佛的理论做出反应；你若是英格兰人，就会遵循布卢姆斯伯里和牛津的理论做出反应。

换言之，我们把道德、情感和合目的的经验的大部分都当作琐碎和偶然。我们如果把大量经验的整体概念看作是对于清晰察觉到的细节的一种反应，那是不合理的。这种关系应该反过来。细节是对于整体的一种反应。这些细节补充定义，引入判断的力量，使人高于动物、动物高于植物、植物高于矿物，其条件永远是：这些细节与其赖以产生的土壤保持恰当的关系。

当然，因为非常清晰，经验的清晰性确实能够产生另外的经验。但这种产生是次要的事实，并不是整体的基础。我们进入房间时已经具有动态美学经验，我们欣赏家具的形式和着色。房屋的感性体验为已经具有的感受能动性增添了生动性和着眼点。

3. 我们存在的基础是“价值”感。价值实质上已经预先假定了什么东西有价值。在此，我们不从单纯赞颂的意义上来解释价值观念。价值是为其自身而具有的存在意义，是为证实自身而具有的存在意义，是具有自身特征的存在意义。

细节的区分肯定是一个次要过程，可能假定或可能不假定重要性。区分的萌芽可能开出或可能不会开出不同的经验之花。模糊的决定是一种大范围的判断，即避免或者保留。还没有进入到分析细节的阶段（舍弃一些而保留另一些），仅有对于整体性的大范围的感觉——避免或保留。

同样，区分的最初阶段并不主要是性质上的，而是对现实的模糊获取，可被详解为三重架构："整体""那个他者"以及"这个自我"。

这基本上是一个模糊的分类。整体感模糊了自我和他者的分析。同时，这个分类主要基于将存在感作为一种价值经验。即，可将整体的价值经验区分为这个价值经验和那些价值经验。存在"多"成为"一"和"一"包含"多"的模糊感觉。同样，"一"具有两种意义——"一"即是"所有"和"多"中的"一"。

这样描述的"基础"是：我们的经验是一种价值经验，它表达了保留或者舍弃的一种模糊感；这个价值经验从许多拥有价值经验的存在的意义层面将自身分化；这种价值经验的杂多感又进一步将其分化为价值经验的整体、众多其他价值经验和自我价值经验，即自我、他者和整体的感受。从存在享有舍弃和保留的角度而言，这是对它进行区分的模糊的、基本的表述。我们每个人都是"他者"中的"一"；我们所有人都被包含在"整体"的统一性中。

民主的基础是价值经验的共同事实，而价值经验则构成了现实事物的每种冲动的本性。每件事都具有对于自身、他者和整体的某些价值。这描绘了现实事物的意义所具有的特征。由于此特征构成了现实，道德概念便产生了。我们无权丑化作为宇宙本质的价值经验。存在，就其本性而言，维系了价值强度（intensity）。同样，没有任何一个单位能够将自身与他者和整体分离开来。然而，每一个单位都凭借自身力量存在，维系了其价值强度，这种维系需要与宇宙共享价值强度。在任何意义上，任何事物都有两面，即个体自身和它在宇宙中的意义。两者互为对方的一个因素。

迄今为止，我们已经探究了经验的模糊的基础。在动物经验中，随之发生了一种对于质的敏锐区分的过程。视觉、听觉、嗅觉、味觉和触觉等感觉经验被区分开来。同时，在每一种这样的质的内部也有清晰的区分。例如红与绿的区分、音符的区分和味道的区分。

随着将自身与价值感受的宇宙联系起来的清晰感觉的产生，人类的经验世界得到了确定。

4. 此时，必须回顾一下我们之前的剖析。很明显我们已经完全颠覆了关于认识论的流行理论。这种理论在十八世纪休谟的《人性论》中达到了顶峰，它是根据我们经验中完全确定的因素而构建的。毫无疑问，颜色和声音等感受材料确实存在。于是，这些材料因为确定而被假定为是根本性的。

因为这些感受材料是源头，经验中的另外一些因素便被解释为是派生出来的。情感、欲望、希望、恐惧、爱恨、意图和回忆都只不过是感受材料。除却感受材料，它们就不复存在了。

这一讲中基本否定了这个理论。决策的唯一方式只能是诉诸经验的自明性。在休谟的《人性论》中，这种诉求是他建立自身理论的基础。

与休谟对于经验的解读相反，我们需注意的第一点就是这些不同的感受材料是我们生活中最易变的因素。我们可以闭上眼睛或永久失明，但我们依然活着。我们可以失聪，然而我们依然活着。我们几乎可以任意变换或变更这些经验的细节。

其次，在一天的进程中，我们的经验因其对待感受材料的方式不同而发生变化。我们清醒、打盹、沉思、入睡。就清晰性而言，我们对待这些感受材料的方式中没有什么是基本的。同样，在生命进程中，我们开始孕育于子宫中，继而躺在摇篮里，随后我们逐渐获得知识，将自身基本经验与新获取的感受资料的清晰性相关起来。

再次，人类仅是万千存在中的一种，世间还有动物、植物、微生物、生命细胞和无机物理活动。在科学发展初期，人类考察自然界时，将其视为包含多样种和属的所在，通过不可逾越的界限将它们区分开。当今，进化论盛行起来。我们无须认为这个理论蕴含了向上的进化。我们需要观察的是物种间和各属间的历史转变。各类动物的质化体验看起来存在极大的差异。在某些方面，动物比人类的感觉更加敏锐——例如，狗的嗅觉。在其他方面，有机体组织处于低下类型的生物中，似乎有理由认为这些经验尚存在某些模糊性。然而，这些有机体组织还是会对外界做出反应。

换言之，对于环境的反应与感觉经验的清晰度之间并不成正比。任何这样一种通过无关联性来表达的理论将会毁灭整个现代自然科学。由于反应具有初始性，所以并不依赖感受经验。

现在将论述限定于人类经验之内，这是我们可直接获知的。这种经验由于具有卓越性，并不简单倚赖于感受经验的清晰性。在清晰性方面专家的水平低于动物——猎狗的嗅觉、鹰的视觉。

人类在感受经验方面是业余选手。直接、生动的清晰性在感受经验中并不占主导地位，其目的是为了掩盖现实结构中所包含的无线多样性。感受经验是一种抽象，阐明和刺激了现实事物的完整性，提升了重要性。但是因此而得到的重要性并不只是一张红、白和蓝的颜色表，它包括隐含于其实现的有限性中的现实事物的无限性。

5. 笛卡尔所继承的传统可追溯到哲学起源之初，他从完满概念中证明了上帝的存在。他的论证是不能成立的，因为他将上帝从历史宇宙中抽象出来了。所以，这个结论所倚仗的是关于未知世界的无意义话语。我们和我们的诸种关系皆处在宇宙之中。

哲学的出发点是规定经验的某个方面，这个方面最能充分地展现存在的普遍必然性。为了回答这个问题，笛卡尔提出了“清晰性和特异性”公式。当然，他借此为下一个世纪的休谟开辟了道路。笛卡尔和休谟所引发的哲学讨论，其巨大价值在于他们都没有一贯地遵循这个公式。人类经验中清晰的和相异的因素无疑是高级的感受材料。我们一直在探究这个结论（这些相异的感受因素是我们生活中比较表面的要素）的原因。

在哲学思想史上，最令人惊奇的是我们采用了一种朴素的方法，假定我们与自己身体是相关联的。我们认为人与其身体的统一是理所当然的。身体的重点和外部世界的起点在何处呢？例如，我的笔是外部的。我的手是身体的一部分；我的指甲也是身体的一部分。此外，当空气通过我的嘴和咽喉进出于我的肺部时，它也按其与身体的关系而起伏。身体与外界之间无疑存在着非常模糊的区分。事实上，它只是其他自然对象之一。

然而，“身和心”的统一仍然是构成一个人的显性的复合体。我们的身体经验是存在的基础。如何来描绘这种经验的特点呢？首先，就经验一词的清晰感和特异感而言，它不是一种感受材料的经验。健康身体的内部活动所提供给你的感受材料极少，这些材料主要是与身体相联系。当这些感受材料出现时，我们就得去看医生，因为这多半意味着有了病痛。但是，我们对于身体统一性的感受是一种基本经验。这种经验是如此理所当然地惯常和完善，以至于我们很少提及它。从来没有谁说：我在这儿，我带着我的身体。

这种关系的内在性是什么呢？身体是我们情感的和有目标的经验的基础。身体决定了我们对清晰的感受材料发生反应的方式，决定了我们享有感受材料这一事实。但是，眼睛疲劳并不是视觉。我们用双眼观看，但我们看不到自己的眼睛。

人体是自然界的一部分，由于有了它，人类经验的每一瞬间都密切配合。在身体现实存在和人类经验之间存在着因素的流出与流入，因此每一个因素都分享其他因素的存在。人体让我们能够最密切地经验自然界中现实事物的相互作用。

日常语言、生理学和心理学提供了三方面的证据：身体是自然界的一部分；身体为情感和感性活动提供了基础；人类经验的振动传递为其后的身体机能。

身体是自然界的这样一个部分，它的各项机能非常协调，因此相应的人类经验的种种振动也相互协调。振动的各种类型之间存在着转化。

只要从被动、瞬间的物质存在的角度来设想自然界，那么按照牛顿和德谟克利特的观点来看，困难就会出现。因为，一个瞬间的物质和经验的振动之间存在着本质的区别。但是，我们已经推翻了这种物质的概念。关于活动和转化形式的各类相似概念适用于人类经验和人体。因此，身体机能和经验形式可以依据彼此来得到解释。此外，身体是自然界的一部分。因此，我们最终把世界设想为我们的直接经验中所揭示的那种活动类型。

6. 我们不可以曲解这个结论。这种关于被动物质的错误概念，由于一种反应而歪曲地解释了人类经验。我们一直依据其生动的偶然因素而非其存在本质来描述人性，这种对于本质的描述也必须适用于胎儿、摇篮中的婴儿、睡眠状态以及几乎不能为意识所感触到的那种广阔的感受背景中。清晰的、有意识的区分是人类存在中的一个偶然因素。区分使我们成其为人，但并不使我们存在；区分虽涉及我们人性的本质，但只是我们存在的一个偶然因素。

我们的基本经验是我们有意识地分析质化细节的基础，并赋予这种分析以意义。问题是：这些基本经验是什么呢？在分析细节时，我们预先假定了一种提供意义的背景，背景中这些生动的偶然因素强调在此已有的某种事物。我们需要描述经验中的必然因素，这个因素不会成为人们重要的谈话内容。无须提及它，因此，语言是无法有效地解释形而上学的。

我们享受现实事物时是在实现价值（善或恶）。这是一种价值经验，其基本表述是——注意，这里有重要的事情！对——这是最好的用语，因为意识中最初的模糊认识揭示了某种重要的事情。

这种经验激发了朦胧的，或者说几乎是下意识的关注。在“一些重要的事情”中，注意力产生了三重特征。“整体性”“外在性”和“内在性”即是“那个重要事情”的三个基本特征。这些特征并不是清晰的分析概念。经验随着这些预先做出的模糊假定而苏醒，并引领着细节分析日益增加其清晰性。这些特征是预设，表达了经验所展示的那种明显性的意义。这些特征包括：存在着实际事实的整体性、诸多事实的外在性，以及整体内部的这种经验活动的内在性。

这三个类别存在于同一层面。在任何意义上，其一都不先于其他。整体事实自身包含了我的事实和其他事实。同时，事实（或现实事物）的模糊意义对于它自身、他者，和整体而言，都是极其重要的。

7. 当然，我们讲的所有词汇都过于具体了，这些词汇过于明确地指示了经验的高级阶段。鉴于此，哲学类似于想象艺术，暗示了其单纯命题之外的意义。整体而言，复杂的词汇铭刻着更为原始的意义。

同样，随着揭示过程的发展，事实将自身视为历史转化中的阶段。重要性发现其自身是情感的转化。我的重要性是我现在的情感价值，在其自身中体现为从整体和其他事实而来的推导，也体现为与未来创造性的关联。

这些体现既统一了体验自我过程中的众多事实，又通过与那个自我的多样关联而区分了这些事实。有些事实与直接自我有着如此密切的关系，以至于可以认为两者之间存在着一种密切的统一性。这样，“自身同一的持久个人存在”这个概念就产生了，主张一个人有许多存在阶段。但是，一切经验的基础是体验的即时阶段，即现在的自我。同时，在体验中揭示出来的那些外部事实，也以同样的方式更加隐约地、飞速地将自身结合起来。

但是，重要感并不只是关系到体验自我。正是这种模糊感将自身区分为对整体、多以及自我的揭示。正是他者的重要性融入自我的重要性中的。现实事物是一种对重要性的自我享受。但是这种自我享受具有将他者的自我享受融入宇宙整体性中的特征。其中最明显的例证是，当我们实现那些其他的现实事物时，我们将其看作是最近过去中的自己，并将他者的自我享受与自身直接的当下融合起来。这仅是一个最生动的例证，表明每一个体现实事物中都具有宇宙统一性。

这种描述的要点是将现实事物视作重要概念，因为其自我感受包含了他者的享受以及向未来的转化。

在形成完全经验的过程中已经完成了质化区分。质的多样性是无限的。因此，无意识中假定的某种质的特殊性会限制各种描述情况。

最低级的现实事物享有模糊的质化规定。而人类经验享有清晰、鲜明的特性。两者之间存在着种种阶段，存在着无数人类经验尚未触及的阶段。毫无疑问，如果我们相信自己对于各种人类经验的记忆，那质的区分会无限提升经验的强度。重要感是用来分析体验到的特性的。这样说似乎不过分。但它仍是过分的；或更准确地说，是一种过于简单的解释。一项经验的内在重要性需要极为清晰地分析其中的各个因素，这一点看起来确实是如此的。在此，“内在的重要性”指的是“为其自身的重要性”。

但是，此种阐述的重点是：我们是在区分一个体验中的世界。这个世界是质的区分的对象。文明需要我们从质的规定性的角度来理解这个既定世界。

8. 这种理论完全颠覆了休谟的观点以及从他的理论中引申出来的各类观点。休谟将质的规定放在首位，而将世界作为第二位的推测引入进来。应当指出，我们的阐述无非是拓展了此类见解，即“力量 (power)”乃是我们的“实体”概念的基础。可以在洛克和柏拉图那里找到这个“力量”

概念，但是他们只做了简略表述，从未加以延展。我们的经验始于一种力量感，进而区分各类个体事物及其特质。

另一推论是：就其本质而言，现实事物是“结构”。力量是结构的推动力。其他一切类型的结构都是达到现实事物的中间阶段。最终的现实事物是力量的统一。力量的本质在于为自身而趋向美学价值。一切力量都是从为自身获得价值这个结构的事实中派生出来的。不存在其他事实。力量和重要性是这一事实的两个方面。这构成了宇宙的驱动力，是保持生存力的动力因，也是在生物中保持其创造欲望的目的因。

外在性的意义依赖于结构过程基本的自我分析。这种分析揭示了结构中的诸因素，以及因素的自我享受，并将这种享受贡献给包含这些因素的直接结构。

这些因素分为两类，第一类中的因素在历史过程中为新的创造构成历史环境，是新结构中的因素，而新结构的完成也是这些因素之一。这是对经验的基本陈述。如果哲学词典中没有独立单词来表述这种经验，那这种辞典就太差了。

9. 本质上，第二类中的因素只有一个例证，这个因素为其自身，于我们的价值感中揭示出来，于关乎其本质统一性的历史事实的整体中揭示出来。宇宙中存在着统一体，享有价值并（通过其内在性）分享价值。试想，原始森林中一块孤立的空地上有一朵花，我们以其细腻之美为例。从来没有任何动物能够具有享受其完整之美的精妙体验。但是，这种美仍然是宇宙中的一个重要事实。当我们审视自然界，思考动物对这些奇迹的享受是怎样的短促和肤浅时，当我们意识到每一朵花的孤立细胞和颤动是多么难以享受整体的效果时，在我们的意识中关于细节对整体的价值感就会明晰起来。这是对于神圣的直觉，是对于神圣之物而具有的直觉，是一切宗教的基础。在一切向上发展的文明中，这种神圣感都得到了有力的表达。随着文明的每一阶段濒于衰退，神圣感会成为经验中一个隐形的倒退因素。

我们现在来讨论对于笛卡尔的“完满（perfection）”概念的另一种解释。完满是历史上的一种力的概念，这种力将一种驱动力特征注入属于每一个历史时期的过程形式中，使其迈向应在那个时期内得到实现的理想。这种理想从未实现，也不可能实现，但仍然在塑造着实现的形式。

例如，在美国宪法中笼统地描绘出了关于人的自由、活动和合作的理想。这种理想从未得到完满实现。由于没有描绘出对人性开放的多样可能性的特征，这部宪法是有限且不完满的。然而，即便如此，这样一部宪法仍隐约地揭示了这个时代中一种理想化的能力的内蕴，空泛的过程借此变成了光辉的历史。

在这个讨论中，我们支持一个论题，即外部实在的意义（就是说，现实事物世界中的一个现实事物的意义）是由审美意义所赋予的。这种经验要求超越任一经验境域的有限直接性的关联。如果在那种境遇中未能自觉地辨别出那种意义，那对于这种境遇来说就太糟糕了。这种理论适用于所有大小经验。我们关于正当性的直觉揭示了事物本性中的一种绝对性，“一块方糖”的滋味就具有此种绝对性。

我们弱小的想象力是不能触及重要性的各类变化的。但是，任何经验因素中审美的重要性都具有超出其直接当下之外的存在证明。自我享有一种超出其本身范围的重要性。

动物意识，以及随后人类意识的产生都是物种特殊化的胜利。这与清晰独特的感性经验的进化是密切相关的。从大量模糊的原始感受中得出的抽象，以及对于少数质的细节的比较清晰的注意，都是感受材料。

除非物理学和生理学是无稽之谈，否则动物躯体内外的错综复杂的反应流就会包含作为视、听等感觉的质的经验。在对外部世界的个人经验的模糊感觉中，这些经验全都潜藏于意识之下，大量而且模糊。这些经验如此模糊，以至于这一自负的话语——对外部世界的个人经验——听起来毫无意义。可以更为简单地来解释一种特殊情况。例如，“我看见一个蓝色斑点在那儿”，这句话包含着自我隐秘性和“在那儿”的外在性。这里存在着预先做出的对“我”和外部世界的假定。但意识所注意的是在那个位置的蓝色特质。没有什么能够更为简单或者抽象。但是，除非物理学家和生理学家是在胡言乱语，否则在抽象中被忽视的很棒的故事仍旧存在。

再者，我们随后的行动是遵照科学家所言，而不是首先去关注有斑点的蓝色。我们也许想保持或者变更这种经验。但不容改变的是，行动是受身体支配的。我们没有触及蓝色的特质，而是改变了在其环境下蓝色的事物与各种活动之间的关系。

如果我们仅仅意识到质的形式上的关系，那就是审美的失败，是承认了关系可能存在的枯燥事实。实在感就是效用感，而效用感就是驱使欲望得到满足的推动力。凭借自身真实存在的过去满足了现在的自身。

10. 按其本性而言，事实包含了某种非事实的东西，尽管这种非事实的部分构成了事实中一个已实现的项目（item）。这是事实的概念方面。但是哲学的传统依旧过于抽象。在现实事物中没有这样“单纯概念”的独立项。概念总是赋以情感，即以希望或恐惧、仇恨、殷切的欲望或分析的意志来表现的。欲望的质的变异是无穷的。但是，离开了作为其情感起源的相关情感推导，“单纯概念”或“单纯实现”的概念就是不合理的。休谟要不是将问题过于简单化，设想了与经验中其他因素没有本质联系的一种原始且空泛的感觉印象事件，在他那里本可以找到这里所主张的理论。所幸的是，在后来的论证中，他易于忘记这些明确的前提。因此，可以用许多方法来分析他的含义。但是在与对立的思想方法进行争论时，他是根据这些前提的严格推论来评判的。

通过这一系列讲演中的讨论，所得出的最后结论是：务必正确地调节抽象过程的重要性。将现实事物中高等种类和低等种类区分开来的那些经验特征，全都倚仗于抽象。通过存在中所固有的抽象，生命胚胎与无生命的物理活动区分开来。通过抽象和对抽象的使用，高等动物与单纯的生命区分开来。通过强调抽象，人类与动物区分开来。通过从审美内容中分离出来冷酷抽象（chill abstraction），其主导地位将人类的堕落与上进区分开来。

意识的发展就是抽象的上升，这是重点的发展。通过选择细节，整体的特征得以表达。这种选择需要注意、享受、行动和目的，这一切都与其本身有关。这种集合激发了一种自我实现的能量，走出了与实现的推动力相统一的一步，这种推动力揭示了在历史进程中目的的统一性。

但是，这种能量的提升要预先假定：抽象之所以得以保持，是因为它与产生它的具体的价值实现感之间有充分的关联。由此，抽象的效用促进了整个经验的生动性和深刻性，激发了内在深处的力量。

因此，向上进化的本质在于有效地运用抽象。但是这样好的运用并无必然性。抽象可以在经验中发生作用，以便将这些经验从其与整体的关联中分离出来。在这种情况下，抽象的经验是对兴趣的一种动摇，会不断地破坏兴趣得以幸存的广泛基础。

值得指出的是，在考虑抽象时，总会出现一种能持续存在的本能，这种本能以关系的更新为目标，可将其称作抽象的逆转。这种逆转过程，一部分是本能的、一部分是有意识的，是高等生命的智慧通过抽象使其发生成为可能。

例如，在感受经验的意识中，我们首先注意到某种感受的细节，然后环顾四周并注意视觉和听觉环境。我们力图在意识中引入富有意义的单位，诸如整幅画、整个建筑物，有生命的动物、岩石、山、树。

这些生动的意识经验是对具体事物的一种回复。我们可能会误解这种回复，因为抽象可能会误导我们，将我们引到产生抽象的实在复合体上去。但是，在意识之后不明显的深处，存在着抽象之后的真实感。对过程的感觉始终存在。从具体的价值经验整体中产生的抽象过程，指向了它的起源。

11. 但是，作为至高的经验生动性，意识并未满足于隐于面纱之后，成为无声的重要性感觉。其下一个步骤是探求自身意识领域内的本质联系。这是理性化的过程。这个过程是识别外表上处于孤立状态的抽象细节之间存在的本质联系。既然能够在意识领域内逆转抽象，所以理性化即是抽象的逆转。

我们的力量是有限的。因此，尽管在这个逆转过程中没有一项必然超出我们的范围之外，但它仍是局限于偶然呈现给我们的环境之内，这种呈现是通过即时的意识领域。因此，理性化是理想的部分实现，其旨在揭示抽象分离中的具体实在。

分离是这样一种呈现，它是有限的意识辨别所付出的代价。具体的实在是个体经验过程的出发点，也是意识理性化的目标。达到目标的奖赏是通过意识和理性经验的提升。

第三篇

自然界与生命

第七讲
无生命的自然界

哲学是疑思（wonder）的产物，力图对周围世界的特征作总的描述，是人类思维的浪漫传奇。进行正确叙述看似极其容易、明显，但我们总是与之失之交臂。我们继承了传统的理论：我们能够探查旧时代的疏忽、迷信以及轻率的概括。我们非常明白自身所表达的含义，然而一旦涉及对知识的细节表述，我们却又非常迟疑不定。“细节”这个词是整个困难的关键所在。谁都不能含糊地谈论大体上的“自然界”。我们必须着眼于自然界中的细节，讨论它们的本质及其相互联系的类型。周围世界是复杂的，由细节组成。我们必须确定细节的基本类型，借此来表达对自然界的理解。我们必须分析、抽象并理解这些抽象概念的自然地位。初看之下，我们能够按照清晰鲜明的类别划分自然界中所发现的各类事物及其特征。每一个时代都设法找到分类模式，以作为研究专门科学的基本出发点。每一个后起的时代都发现前人的基本分类并不适用，从而怀疑以这些分类作为坚实出发点的一切自然规律的表述。哲学便是探索其解决之法的。

我们的第一步必须定义这里所用的“自然界”一词。在这几章中，自然界指根据清晰独特的感性经验（视觉的、听觉的、触觉的）所解释的世界。显然，这样一种解释对于人类理解而言是最为重要的。最后这几章所谈及的问题就是，这种解释能带我们走多远？

例如，我们可以将自然界理解为是由永恒之物所构成的，这些永恒之物即是在空间中移动的大量物质（没有它们，空间就空了）。这种关于自然界的思维方式与常识观察具有明显的一致性。例如，空间中存在椅子、桌子、岩石、海洋、动物、植物、行星、太阳。一栋房屋、一个农场、一只动物具有持久的自我统一性，这是社会交际的一个前提。法律理论采纳了这个前提，作为所有文献的基础。因此，我们将一种物质看作是一个被动的事实，一个在一瞬、一秒、一时或者一年内都相同的个体现实。这样一种有形的、个体的现实，支撑了物质本身的各类质的规定，如形状、运动、颜色、气味等。自然界的事件就存在于这些质化规定的变化中，尤其是运动的变化。这样的各块物质之间的联系纯粹是空间关系。因此，运动之所以重要是由于它改变了物质事物唯一的相互联系方式。人类由此出发来讨论这些空间关系，发明了几何学。可将空间的几何学特征看作是这样一种方式，即自然界将决定关系加于作为空间的唯一占据者的所有物质之上。我们将空间本身看作是亘古不变且永远同质的东西。这样，我们就对自然界的特征做了一个直接的描绘。这些特征与常识一致，并且在我们存在的每一瞬间都可以得到验证。我们在同一把椅子上，在同一栋房屋内，用同一个身体坐上几小时。空间关系确定房子的大小，其颜色、声音和气味中一部分保留，而一部分变化。动物躯体以及无机物的运动确定了变化的主要事实。在自然界的这个总体概念之内，更深远的“生命”概念和“精神”概念总会进一步交织。

我力图概略地指出这个关于宇宙的一般常识性概念，这个概念大约在十六世纪初，即公元1500年左右，在欧洲的一些进步思想家中酝酿而成。概念中的一部分是继承了希腊思想和中世纪思想，一部分是根据任何瞬间都可在我们周围世界中确证的直接观察材料。这个概念支撑了一种预设，提供了各类词语，所有进一步的问题都可从中找到答案。在这些问题中，最根本和最明显的是那些关于运动的规律、生命的意义、精神的意义，以及物质、生命和精神之间相互关系的问题。当我们考察十六世纪和十七世纪的伟大人物所采用的方法时，发现他们都预设了这个关于宇宙的一般常识概念，并力图运用它所提供的词语来回答所有问题。

我认为，毫无疑问，这个一般概念表达了关于我们周围世界的广泛且普遍的真理。唯一的问题是这些真理可能有怎样的根本性。换言之，我们必须要问，哪些宇宙的广泛的特征不能通过这些词汇表达？我们必须还要问我们是否不可能找到一些其他概念来解释这个常识概念的重要性，并解释被常识概念所忽视的与其他特征的关系。

当我们审视十七世纪至今的整个时期内科学思想的进程时，就会发现两个奇怪的事实。第一，自然科学的发展逐渐舍弃了原始的常识概念中所有的单一特征。概念中已经没有什么特征可以用来表达并解释宇宙了。就其作为一切解释的基础的作用而言，这个明显的常识概念已经完全遭到了破坏。所有论点都逐一被废弃了。

这些思想中的第二个特征同样突出。这个常识概念在人类的日常生活中仍然是至高无上的。它支配着市场、运动场、法院，实际上支配着全部人类社会问题的交流。这个概念在文学中也是至高无上的，为一切人文科学所采纳。因此，自然科学和人文科学的假定是相对立的。当人们试图去作某种调和时，就往往会采用某种神秘主义。不过，总的来说并不存在调和。

的确，即使当我们将注意力仅限于自然科学时，也从来没有看到一门专门科学会以调和属于所有不同自然科学的假定为基础。每一门科学都将自身限定于某一片断的证据，并根据这一片段所提出的概念来建立自己的理论。由于人类的能力有限，这种做法是必要的。但是，必须时刻铭记其危险性。例如，在过去一百年里，大学日益加强科系划分。虽然这对于行政管理是必要的，但却容易使教授们的精神活动烦琐化。两种思维方式能够有效生存的结果就是产生一种拼接工作。

两种观点各自所得出的假定不时地相互交织。每一门专门科学都不得不接受其他科学的成果。例如物理学是生物学的预设条件。三十或四十年前的科学状态通常是将这些假定从一个专业领域转借到另一个专业领域。在我的少年时代盛行的物理学的假定对今天的生理学家的思想仍有强大的影响。实际上，我们甚至没有必要谈及生理学家。尽管在细节上所得出的明确理论否定了这些假定，物理学家仍旧坚守昨日的物理学假定。

为了理解现代思想中这种零星的新旧交织的现象，我将重提一下旧的常识理论中的主要原则，这种理论甚至在今天也还是日常生活的共同理论，因为在某种意义上它是正确的。在空间中存在着大量持续保持自身同一性的物质。没有它们，空间就是空的。每块物质都占据一片明确的有限区域。每一个这样的物质粒子都有其各自的质的规定，如形状、运动、质量、颜色和气味。这些规定有的变化，有的不变。各块物质间的本质关系是纯粹的空间关系。空间本身是永恒不变的，总是包含了关联各块物质的能力。几何学这门科学是研究这种将关系加之于物质的能力。物质的运动包含了空间关系的变化。除此以外，别无其他。物质所包含的不外是空间性，以及对质的规定的被动支持。物质可以并必须被质化。但是，质的规定是一种仅为自身的空泛事实。这是自然界作为自我维系的、毫无意义的事实复合体的重要理论。这就是关于自然科学的自律理论，是我在这几讲中所否定的理论。

现代思想的状况是：这个总的理论中的每个单一论点都遭到了否定，但是由作为一个整体的这个理论所得出的一般结论却顽强地保留了下来。结果就使科学思想、哲学宇宙论以及认识论完全陷于混乱。然而，如果没有以这种观点作为隐含前提，任何理论都会被斥为非理智的理论。

遭到抛弃的第一项是有关我们在感性知觉中区别开来的那些质的规定，即颜色、声音、气味等规定。光与声的传递理论引入了二级性质（secondary quality）的理论。颜色和声音不再存在于自然界中，而是感知者对于身体内部运动的心理反应。这样，自然界中所剩下的就是通过质量、空间关系以及这些关系的变化所规定的各块物质。

这种二级性质的丧失极大地限制了自然界。因为二级性质对感知者的功能价值被归结为单纯的刺激动因。同样，由此引发的心理刺激也主要不是与自然界的因素相关。颜色与声音成了心理反应所提供的二级因素。但是，仍有一个奇怪的事实，即这些二级因素是由于空间性而产生关系的，而空间性是自然界最主要的基质。我想，休谟是第一个根据当前关于二级性质的认知理论而明确指出我们认知中的这种混杂性质的哲学家。诚然，当洛克把颜色看作是自然界事物的二级性质时，他就已隐约地猜测到了这种混杂的特征。我认为，任何忠于事实的宇宙理论都应当承认感性知觉的这种人为特征。也就是说，当我们感知红玫瑰的时候，我们将从一个来源所获得的关于红的享受与从另一个来源所获得的空间区域的享受联系在一起。我所得出的结论是：在解释事物本性上，感性知觉的所有实际价值是非常表面的。感性知觉中固有的欺骗性（即虚妄性）特征支持了这个结论。例如，我们对于在多年前就可能已经消失了的星星所具有的感知、我们对于镜子中的影像或由折射作用所获得的影像所具有的感知、我们的双重视觉、我们在毒品作用下的视觉等都具有这样的特征。我与近代认识论的争执在于，认识论只强调感性知觉，这仅是因为感性知觉提供了关于自然界的材料。感性知觉并不向我们提供可以对其进行解释的材料。

纯粹的感性知觉不提供解释它自身的材料，这个结论是休谟哲学中所体现出来的伟大发现。这个结论说明为什么休谟的《人性论》将会继续成为之后所有的哲学思想中不可辩驳的基础。

常识理论中的另一项是关于“空”的空间和运动的。首先，光和声的传递表明，明显空的空间是我们没有直接感知到的那些活动的剧场。对于精细物质类型的各种假定，即我们不能直接感知到的以太，为这个结论提供了解释。其次，这个结论，以及粗糙的普通物质的明显活动，都向我们表明物质的运动在某种方式下以物体间彼此的空间关系为条件。在这点上，牛顿进行了伟大的综合，成为两个多世纪以来科学的基础。牛顿的运动定律提出了一个大体的架构，嵌入了关于物体运动内部联系的更详细的规律。他还在其万有引力定律中提出了依赖相互距离的这样一个详细定律的例子。

牛顿物理学的方法论是一个无与伦比的成就。但是，他引导出来的各种力仍然没有给予自然界以意义和价值。在物质实体的本质中（它的质量、运动和形状）没有说明引力定律的原因。即使可以将具体的力设想为宇宙纪元中的偶然因素，用牛顿的质量和运动概念也无法说明物质实体为什么应该由它们之间的应力联系起来。然而，牛顿关于自然界的概念中一个基本因素是作为表达物体之间本质联系的应力概念。牛顿理论中尚需实证调查的部分是对现存的特殊应力的测定。在这种测定中，他把引力定律所揭示的各种应力分离开来，创建了一个杰出的起点。但是他并没有说明究竟为什么在事物本性中应该存在应力。因此，物体之间的随意应力，连同物体的空间、质量以及运动初态一道，被用来解释物体的随意运动。通过引入应力概念（特别是引力定律）来替代运动的繁杂错乱的变换，他极大地提升了自然界的体系化。但是他使体系的所有因素（尤其是质量和应力）处于没有任何共存理由的分离事实的状态。他由此说明了一个伟大的哲学真理，即无生命的自然界不能提供任何原因。所有终极原因都以价值为目标。一个无生命的自然界不以任何事物为目标。生命的本质就是为其自身的目的而存在，作为价值的内在结果而存在。

因此，对于牛顿学说的信奉者而言，自然界不产生也不能产生理由。将牛顿与休谟的理论结合起来，我们就得到了一个空泛的概念，即一个缺乏材料来解释自身的认知领域，以及一个缺乏理由来说明其因素并发性的解释体系。自康德以来的近代哲学所面临的即是这种情形，他们以各种不同方式来使之可以理解。我自己的看法是：这种情形是一种归谬法（reduction ad obsurdum），不应作为哲学的基础。康德是第一位以这种方法把牛顿和休谟结合起来的哲学家。他接受了两者，其三部《批判》就是努力使这种牛顿－休谟的情形可以得到理解。不过，牛顿－休谟情形是所有现代哲学思想的基本假定。在哲学讨论中，将任何想要进一步探究这种情形的努力几乎都痛斥为不可理解。

在这几讲中，我的主要目是扼要地指出，无论是牛顿或休谟的贡献，都各有其严重的缺陷。就其发展而言他们都是正确的，但是他们忽略了体验过的宇宙和我们体验方式的那些方面，而这些方面共同导致一些更深刻的理解方法。在华盛顿特区的近况中，牛顿 – 休谟的思想方式只能辨识出感受材料的复杂转变和分子的连带运动，而对于整个世界最深刻的直觉却能够辨识出美国总统（注：富兰克林·罗斯福，美国第 32 任总统）在翻开人类历史的新篇章。以这种方式，牛顿 – 休谟的解释忽视了我们直觉的理解方式。

我现在进而来谈现代科学在质疑基本常识概念的其余各项方面所产生的影响，而基于此点，科学在十六世纪发展开来。不过，在今天的物理学重建中，牛顿派概念中的部分片段被顽强地保留下来了。因此就将现代物理学归结为一种对于一个难解宇宙的神秘吟唱。这种吟唱的价值与先后盛行于古代美索不达米亚和欧洲的古老巫术仪式的价值完全一样。保存至今的文献中最早期的一个片段是巴比伦占星术士呈递给国王的一份奏章，陈述他通过观测星象而推算出来吉日，可将牛群放归原野。按照流行的科学哲学，科学在现代生活中的定位即是观察、理论和实践的这种神秘关系。

现代科学舍弃了空的空间的概念，即空的空间是空间相互关系的纯粹媒介物。整个空间宇宙即是一个力场，或换句话说，是一个不停活动的场。物理学的数学公式表现了这种活动中所实现的各类数学关系。

这样做的一个意外的结果是科学舍弃了支撑物理特性的自身统一性的各块物质。最初，物质的概念在整个十九世纪得到了拓展。人们将空的空间设想为充满着以太的空间。这种以太无非是原来常识概念中的普遍物质，具有胶状物的特性，即连续性、内聚性、柔韧性和惯性。因而，常识中的普遍物质仅相当于以太中的某些特别的缠结，也就是以太中的结节。整个空间中这些缠结相对稀少，在似胶状物的以太中施加压力和张力。同样，普遍物质的振动也通过以太传递为压力和张力的振动。通过此方式，产生了一种关于光、热、电和能的各种不同理论的巨大统一，合并成为一门关于以太的科学。在整个十九世纪，有一群杰出的来自法国、德国、荷兰、斯堪的纳维亚各国、英国和意大利的物理学家和数学家们，循序渐进地详尽阐述了这种理论。当然，这里要讲的重点并不是他们工作的细节，以及不同个体的贡献。

最终的结果是：常识分析中认为普通物质具有多种活动方式，而以太的活动与其中任意一种都迥然不同。如果关于以太的理论是正确的，那么我们在通过观察某些平均结果而得到关于物质的普遍概念时，就掩盖了以太活动的真实本性。在当今物理学中达到顶峰的新近革命仅仅是将十九世纪科学的这种倾向推进了一步。我们得到的启示是：人类根据感性知觉而获得的广泛普遍性是极其肤浅的。我们理解世界的不懈努力使我们偏离了所有这些明显的概念。物质与能量一致，而能量是一种纯粹的活动；只要涉及基本描述，就已经舍弃了由具有自身统一性的持久的各块物质所构成的被动基质。很明显，这种概念虽然表现了一个重要的派生事实，但已不再是理论的预设基础。现代观点通过能量、活动以及时空的振动微分法来表达。任何局部的振动都会动摇整个宇宙。距离的作用虽小，但却存在。物质的概念预先假定了简单定位。每块物质都是独立自给的，都处于一个具有被动且静止的空间关系网的区域中，都缠绕于一个无限且永恒的统一关系之中。但是，在现代概念中，我们称之为物质的缠绕群已融入其环境中。分离的且独立自给的局部存在是不可能有的。环境包含每一件事物的本性。在有一整套振动的自然界中，当变化的环境产生振动时，某些因素可能保持稳定。但是这种稳定仅是一种一般的平均状况。这种平均事实是我们为什么发现同样的椅子、同样的岩石以及同样的植物可持续几天，或几个世纪，或几百万年。因此，在这种平均事实中，时间因素是持续方面，而变化则是一个细节。当今的物理学中的基本事实是：具有各种特性的环境渗入到我们称之为物质的振动群中，而这些振动群又把自身的特性扩至环境之中。事实上，关于独立自给的物质粒子的概念，即在其局部场域中自给自足的物质粒子概念，是一种抽象。既然抽象无非是省略了部分真理的，那么如果省略掉的真理没有推翻由抽象得出的这个结论，这种抽象就是有充分根据的。

由现代物理学理论出发所做的一般演绎，推翻了许多将物理学应用于其他科学（如生理学甚至物理学本身）时所得出的结论。例如，当发生论者把基因设想为遗传的决定因素时，情况就是如此。这些发生论者在类比旧的物质概念时，往往会忽视基因赖以发挥作用的独特的动物身体所产生的影响。他们假定，无论其环境有什么变化，一种物质小球在一切方面均保持自身同一。就现代物理学而论，任何特征都可能会或者可能不会影响基因的变化。这些变化虽然在另一些方面不重要，但在某些方面是重要的。因此，就特征的遗传而言，仅从基因理论层面是不可能推导出“先验论”的。实际上，生理学家们最近已发现基因在某些方面会被其环境所改变。即便当观点本身已作为一种基本描述而被舍弃时，这种旧的常识观点的预先假设仍然存在。

现代对“时空”这个名词的运用证实了较古老的理论中的这些片段幸存了下来。空间及其几何概念与物质体及空间中简单位置的概念是完全一致的。这样，一块物质就被设想为在它所占据区域的简单位置中自给自足。物质就在那儿，在那个区域所在的地方；在描述这块物质时，无须提及任何其他空间区域的活动。空的空间是物体间被动的几何关系的基质。这些关系是一些单纯且静止的事实，不会产生本质上必然的后果。例如，牛顿的引力定律表达了与物体彼此间的空间关系相连的运动变化。但是，这条引力定律并不是出自于牛顿派中质量概念、空间占据概念以及欧几里得几何的相加。这些概念无论是孤立存在或相互结合，都不能给引力定律提供丝毫保证。无论是阿基米德或伽利略，都未能通过对这些概念的苦思而得到关于引力定律的任何启发。根据此理论，空间是自然界无所不在的大量被动关系的基质。空间制约着一切能动关系，但又并不需要这些关系。

与之迥然不同的是,新观点的基本概念是活动和过程。自然界是可以分割的，因而是广袤的。但是，由于任何分割都会纳入某些活动而排除另一些活动，因此会把超出一切界限之外的过程的模式分割开来。数学公式表明了这种模式的逻辑完整性，而界限又破坏了这种完整性。例如，一半波段只能讲述一半的样貌。独立自给的隔绝概念在现代物理学中没有得到例证。在有限区域内不存在本质上独立自给的活动。被动地占据区域的各基质之间的这些被动的几何关系已经消失。自然界是各种活动的相互关系的剧场。一切事物、活动以及活动之间的相互关系都是变化的。空间概念具有被动的、系统的、几何学的相互关系，是完全不适用于这个新概念的。这个流行的理论，即新物理学已把一切物理学的定律简约为几何学的命题，是极其荒谬的。恰恰相反，这个理论用过程形式概念替代了亚里士多德的形式行列概念，因而消灭了空间和物质，并代之以对复杂活动状态中内部关系的研究。在一种意义上而言，这种复杂状态是一个统一体，物理活动的整个宇宙拓展至遥远的星团。在另一种意义上，这种复杂状态可以分割为各个部分。我们可以追索一组选定的活动，探究其内部的相互关系，并忽视其他活动。如果运用这种抽象，被忽视的那些外部体系变化就会影响某些内部活动，而我们不能对此进行解释。此外，就任何根本性意义而言，我们也不会理解存留活动，因为这些活动依赖相对不变且有秩序的环境。

在关于自然界的所有讨论中，我们必须铭记尺度的差异，特别是时间间隔的差异。我们往往以人体可观察的运行方式为准设定绝对的尺度。把观察结论拓展到限定观察量值的尺度以外，这是极其轻率的。例如，一秒钟内无明显变化，丝毫不能说明一千年内是否也无变化。同样，一千年内无明显变化，丝毫不能说明亿万年内是否也无变化。我们可以无限地扩大这种级数。量值的绝对标准是不存在的。在这一级数中，任何一级较之前面的一级为大，较之后面的一级为小。

其次，所有专门科学都预设了事物的某些基本模式。在这里，我采用的是“事物”一词的最普遍意义。它可以包括活动、颜色和其他感受材料以及价值。在这种意义上，事物就是我们所能谈及的任何东西。一门科学所研究的是事物的多样类型中某一类有限的事物。因此，第一，类型是多样的；第二，在某一指定条件下呈现何种类型都是确定的。例如，“这是绿色的”是一个单称命题；而“所有事物都是绿色的”是一个更为一般的命题。传统的亚里士多德逻辑所注重的就是这种探究类型。在任何科学的开创阶段，这种探究都无疑是必不可少的。但是，任何一门科学都试图超越这个阶段。遗憾的是，亚里士多德逻辑为基础的方法支配着两千多年来的哲学思想，大家都试图把各类专门学科结合成为一门哲学宇宙论，以期对宇宙做出解释。由于不自觉地再度把亚里士多德的形式当作是唯一的表达方式，所有这些企图都落空了。哲学的弊端在于急于通过“某些 S 是 P”或“所有 S 都是 P”等形式来表达自身。

让我们回到专门科学的话题。第三步是力求获得量化的决策。这个阶段的典型问题是：“S 中包含多少 P 的部分”和“S 中有多少个是 P”？换言之，引入了数、量和度。如果简单地处理这些量化概念，可能会像过度信任亚里士多德的命题形式那样使人误入歧途。

科学发展的第四阶段是引入“模式”概念。如果忽视这个模式概念，那我们对自然界的理解就会极其肤浅。例如，假定有一团碳原子和氧原子的集合，并且假定两者的数目已知，但只有决定了模式问题，才能知晓混合物的性质。有多少游离的氧？有多少游离的碳？有多少一氧化碳？有多少二氧化碳？在假定氧和碳的总量恒定的前提下，对于这些问题中某些问题的回答将决定其余问题的答案。但是，即使考虑到这种相互规定，由任何适量的碳和氧组成的混合物仍有大量其他模式。即使单纯设定了化学模式，假定了含有混合物的区域，在给定区域内化学物质的分配仍然存在无限的区域模式。因此，除了有关量的一切问题外，还存在对了解自然界所必不可少的模式问题。如果没有一个预设的模式，量规定不了任何部分。其实量本身仅是类似模式之内的函数的类比。

还是这个例子（包含了纯粹的化学混合物、化合作用以及容器的不同次区域中不同物质的隔离），它表明模式概念包含了不同的结合方式概念。这显然是一个基本概念，是我们只要从各种不同类型的基本事物概念出发，便应当立刻想到的。所有这些基本概念的危险在于我们总是不自觉地采用它们。每当我们自问某个问题时，经常发觉我们正在运用某些有关的实体类型和这些实体的某些结合方式，我们甚至正在运用某些广泛流行的模式通则。我们所注意的是模式的细节、测量和比例量。因此，自然规律仅仅是普遍的行为模式，其改变或中断并不在我们的注意范围之内。其次，任何一门科学的论题都是从自然界丰富且具体的事件中得出的一种抽象。但是，被忽略的因素会隐于存留的因素中，任何抽象都忽略了这一点。因此，如果局限于某一专门科学的抽象，当我们考虑单个模式与被忽略的宇宙之间相关联的可能性时，单一模式就会将自身分化为无限多的模式中的次要因素。即使在专门科学的范畴内，我们也可发现这门科学所不能解释的各种作用。但是，如果我们考虑到所谈及模式的更广泛的关系的多样性，那这些作用就可以得到解释。

当今，自然科学中的多位引领者激烈地否定了这里所提出的一些看法。在我看来，他们的态度乃是无根据信仰的一个可悲例子。当想到他们关于自然科学独立的主张是以一个现已废弃的关于自然界的概念为根基时，我更加肯定了这个判断。

最后，还有一个尚未讨论的基本问题：我们依赖哪些事物的主要类型来理解宇宙过程？假定我们同意科学探索所发现的自然界仅仅是活动和过程，这意味着什么？这些活动彼此融入，产生然后消失。正在发生什么？什么受到影响？不可能说这些仅是乘法表的公式（用一位伟大哲学家的话来说），仅是一种关于范畴的毫无生气的舞蹈。自然界充满生气，不断产生着实在事实。应当把科学所研究的物理属性看作是宇宙的实在事实之间的更稳定的相互关系的一种复合。

本讲局限于一种抽象之下的自然界，这种抽象压制了一切有关生命的部分，其影响在于：动力学、物理学和化学成了这样的科学：引导我们从十六世纪的完整常识概念逐渐过渡到当代理论物理学所提出的自然界概念。

这种观点的变化统治了四个世纪，可将其描述为从作为基本概念的空间和物质到过程的转化，而过程则被当作一种具有各种不同因素之间内部关系的活动的复合体。这种旧观点使我们能够从变化中抽离，去设想某一瞬间自然界的完整现实；并且从时距中抽离，仅通过物质在空间中的同时分布来表达自然界内部关系的特点。按照牛顿派的观点，由此遗漏的是在相邻的瞬间分布的变化。但是如果这个观点成立，那么这种变化显然与物质宇宙在此瞬间所考虑的本质事实无关。运动以及相对分布的变化是偶然的，而不是本质的。

持续同样是偶然的。按照这种观点，不管自然界在任何另一瞬间是否存在，甚至也不管是否存在另一瞬间，自然界在某一瞬间都是同等真实的。笛卡尔就接受了这种结论，因为他把持续解释为每一瞬间的不断重建。他与伽利略和牛顿合作，创建了牛顿派的最终观点。于是，在他看来，应当在瞬间而不是持续中来观测事实。在他看来，持续不过是一种瞬间事实的连续。笛卡尔的宇宙论有另外一些方面，可能使他更加注重运动。他关于广袤和旋涡的理论就是一例。但事实上，他通过预测得出了与牛顿派概念相适应的结论。

在牛顿派宇宙论中存在一个致命的矛盾：只承认一种空间占据的方式，即此块物质在这一非持续的瞬间占有这一区域。这种空间占据是最后的实在事实，与其他任何瞬间、物质或空间区域都无关。如果我们现在采用牛顿派的理论，那么请问，某一瞬间的速度是什么？再问，某一瞬间的动量是什么？这些都是牛顿物理学的根本概念，但对牛顿派理论却没有任何意义。速度和动量需要这样的概念：在别的时间和地点，事物的状态需考虑在任何选定的瞬间，物质的空间所占据的根本特征。但是牛顿派的概念不容许变更这种占据关系。因此，宇宙论的架构就必然是前后矛盾的。即使微积分这种精妙的数学手段也无法克服这种困难。我们当然可以用数学名词来表示存在争论之处。牛顿派的占据概念与某一选定点的函数值相呼应。但是，牛顿物理学仅要求那一点的函数的极限。牛顿派的宇宙论也并没有暗示出为什么作为极限的其他时间和地点的参照者应代替价值这个纯粹事实。

从现代观点看，过程、活动及变化都是事实。在一瞬间什么都没有。每一瞬间都仅仅是一种组成事实的途径。因此，既然没有被设想为简单的基本实有的瞬间，所以就没有某一瞬间的自然界。这样，按其本质而言，事实的所有相互关系都一定包含了转化。所有实现都包含了创生进程（creative advance）中的蕴涵。

这一讲中所讨论的内容仅是作为尝试回答以下这个根本性问题的绪言，这个问题是：我们如何将内容补充进纯粹活动概念？活动为了什么？产生了什么？包含了什么？

下一讲将介绍关于生命的概念，因此将会使我们能够更具体地而非抽象地来认识自然界。

第八讲
有生命的自然界

正如在前几讲中所界定的一样，“生命在自然界的地位”是现代哲学的问题，也是科学的问题，更是一切体系化思想（人道主义、自然主义、哲学）汇合的中心点。我们尚不能确定生命的真正意义。我们理解生命时，也应理解它在世界中的地位。然而，生命的本质和它的地位都同样令人困惑。

毕竟，这个结论与我们从生命概念中抽离出来而考虑的关于自然界的结论并非迥然不同。我们仅剩下一种活动的概念，活动中的任何部分不会受到影响。同样，这种活动也因此没有揭示其自身连贯的基础是什么，仅存在一个连续公式，但缺乏为这种连续公式提供理由的可理解的因果关系。当然，使自己完全满足于一种终极的非理性的状态总是可能的。流行的实证主义哲学就采纳了这种态度。

这种实证主义的弱点是：我们大家都欢迎那种在现阶段文明中所获得的孤立片面的解释方法。假定十万年前我们的祖先已经是睿智的实证主义者，那么他们就不会去探究理由，他们所观察到的就只会是纯粹事实。而发展就没有必要，他们就不会探究掩藏于直接观察之下的理由，而文明就从未得到过发展。我们对世界做详细观察的各种不同能力就会一直处于休眠状态。因为一种理由的特性在于，由一种理由产生的结果所历经的智力发展会超出已观察论题的结果。观察的扩大期待对合理联系的某种模糊理解。例如，对于花卉上昆虫的观察模糊地暗示着昆虫和花的本性之间的某种调和性，从而产生大量观察，因而发展出科学的全部分支。但是，一个坚定的实证主义者势必满足于观察到的事实，即昆虫探访花。这是一个迷人且简单的事实。按照实证主义者的理论，不需要进一步探究了。现在，科学的世界受到了糊涂的实证主义的激烈攻击。实证主义任意运用其科学理论，又任意规避这种理论。关于自然界中生命的整个理论都受到了这种实证主义的毒害。有人告诉我们说，物理学和化学公式中存在着描述的常规，而在自然界的过程中也无其他。

这种信条源于欧洲思想中逐渐发展起来的关于精神和自然界的二元论。在近代发端之际，笛卡尔极其明确地表述了这种二元论。在他看来，具有空间关系的物质实体以及精神实体是存在的。精神实体处于物质实体之外。任何一种实体都不需要另外一种来完善其本质。两者之间未加解释的相互关系对于它们各自的存在而言是多余的。事实上，这种按照精神和物质来形成问题的方法是不成功的，因为这种方法忽略了较低等的生命形式，如植物和低等动物。这些形式中的最高者触及人类精神，最低者接近无机界。

自然界和生命之间的这种泾渭分明损害了所有随后发展起来的哲学。在大多数近代思想派别中，甚至当舍弃了这两种类型的现实事物之间的协调存在时，二者仍然没有实现真正的融合。在某些派别来看，自然界仅是纯粹外表，而精神是唯一现实。在另一些派别看来，物质自然界是唯一现实，而精神是一种派生现象。在此，“纯粹外表”和“派生现象”显然蕴含着这样的启示，即两者对理解事物的终极性质无关紧要。

我所主张的理论是：只有将物质自然界和生命融合在一起作为“真正实在的”事物合成中的根本要素时，才能理解两者；而“真正实在的”事物的相互联系以及各自的特征构成了宇宙。

论证的第一步是必须形成关于生命所能具有的意义的概念。此外，我们要求与生命相融合来弥补我们关于物质自然界概念中的缺陷。另一方面，我们还要求生命概念必须包含自然界的概念。

现在作为初步估计，生命概念蕴含着自我享受的某种绝对性。这必然意味着某种直接的个体性，是一种把多种材料纳入一个存在统一体的复合过程。这些材料通过自然界的物理过程呈现为相关关系。生命蕴含着从这种纳入过程中产生的绝对且个体的自我享受。我在我最近的著作中用“领悟（Prehension）”一词来表示这种纳入过程。我还把每一种直接享受的个体行为称作一种“体验情境(occasion of experience)”。我认为这种存在统一体，即这些体验情境，是真正实在的事物，它们以其集合统一体的方式构成了进化的宇宙，使其永远处于创生进程中。

但是，这些是对论证的引论。作为一种初步的估计，我们已经把生命看作是蕴含着某一纳入过程的绝对且个体的自我享受。宇宙的先前活动提供了需纳入的材料。因此，就其直接的自我享受来说，体验情境是绝对的，不需参照任何别的共存情境就可以理解体验情境是如何处理其材料的。因此，以其内部过程为参照，为了存在，这种情境不需要与之同时进行的任何其他过程。实际上，这种在自我调节（Self-adjustment）的内在过程中的相互依存，即被定义为同时性。

这一自我享受的概念并没有彻底地探究在此被称之为“生命”的过程的哪一方面。由于其可理解性，过程包含属于每一情境真正本质的一种创造活动的概念。这是推导宇宙中现实存在的要素的过程，而在这一过程之前这些因素仅是以未实现的潜在方式存在。自我创造的过程是由潜能转化为现实的过程，而这种转化的事实则包含了自我享受的直接性。

因此，为了设想生命在一种经验情境中的功能，我们必须区分开来以下三方面：先行世界所呈现的现实材料，促使这些材料融合起来而成为新的经验统一体的非现实的潜在可能性，以及创造性融合这些具有此潜能的材料的这种自我享受的直接性。这就是创生进程理论，借此，生命属于宇宙的本质，并进入未来。即使是在没有持续性的一瞬间，如果将自然界看作是一种静止的事实，那也是荒谬的。没有转化就不存在自然界，而没有时间的持续性就不存在转化。这就是为什么将某一瞬间的时间概念看作是一种基础简单事实，会是荒谬的。

但是，至此我们还没有详尽无遗地探究对于理解自然界极其重要的创造概念。我们在描绘生命时还必须添加另一种特征，这个被忽略的特征就是“目的”。在此“目的”一词的意思是排除无限的其他潜在可能性，而容纳进一种确定的新要素，这种新要素构成了将那些材料纳入那种统一过程中的选择方式。目的就在于达到以那种方式享受那些材料的复杂感受。“那种享受方式”是从无限的其他方法中选定的，是为了在那个过程中实现现实化。

因此，生命的特征包括绝对的自我享受、创造活动和目的。在此，目的显然包含了采纳纯粹理想，使之成为创造性过程的指导。享受同样也属于过程，但它不是任何一种静止结果的特征。目的就是达到属于这种过程的享受。

这里马上就产生了一个问题：正如以上所解释的，自然界中生命的这个因素是否与我们在自然界中的观察相符合。所有的哲学力图获得一种对于所观察的事物前后一贯的理解。因此，哲学发展为两个方向：一个要求一种条理清晰的前后一贯，另一个则是阐明所观察的事物。因而我们的首要任务是将上述的关于自然界中生命的理论与我们的直接观察所得的材料进行比较。

毫无疑问，在我们的自觉经验中最为显著的那些观察来自于感性知觉。视觉、听觉、味觉、嗅觉、触觉大体上就是通过感官而获得的几种主要感知方式。但是，一套尚未明确的模糊的各种身体感受构成了感受基础，这些感受会不时闪现，凸显出来。感性知觉的特性在于其二重性，即部分与身体相关，部分与身体无关。视觉与身体的不相关最为明显。当我们观看景色、一幅画或一辆正在路上驶来的汽车时，它们就如一种外在呈现，可使我们的精神愉快或忧虑。只要打开眼帘，它们就存在。不过，在沉思时，我们将自己眼睛所见部分的底层经验抽取出来。在知觉的瞬间，我们通常没有清楚地意识到这一点。身体的关联隐去了，而可视呈现则显著起来。在其他感觉方式中，身体较为突出。在这方面，不同方式之间差异很大。在任何关于从感性知觉中获得信息的理论中，都应牢记二重关联，即外在的关联和身体的关联。现行的一些哲学理论大都源于休谟，由于忽视了身体的关联，它们是有缺陷的。它们的弊端在于从一种自以为明确的知觉方式中推导出一种明晰的理论。其实，我们的感性知觉是一种极其模糊且使人迷惑的体验方式。同时，有充分证据表明，运用其外部关联的突出方面来揭示宇宙的做法是非常肤浅的。这一点很重要。比如说，从使用上讲，一块铺路石是一个坚硬的、固态的、静止的、不可移动的事实。这是感性知觉凭其明晰的方面所揭示的。但是，如果自然科学正确，那么这种解释对于我们称之为铺路石的那个宇宙部分而言是非常肤浅的。近代自然科学是持续了三个多世纪的协同努力的结果，旨在理解自然界的活动，由于这种活动，感性知觉发生了转化。

现在有两个结论已足够清晰。一个是：感性知觉忽略了对自然界中各类基本活动的差异辨别。例如，通过观看或者踩在上面所感知到的铺路石，与物理学家所描述的铺路石的分子活动之间的差异。第二个是：科学未能赋予其活动公式以任何意义。关于自然界的公式背离了自然界的外表，因而失去了解释力。这个活动公式甚至使我们找不到理由去相信过去给展望未来做出了让步。事实上，如果认为科学仅依赖感性知觉，而没有别的观察来源，那就科学的自身完善性要求而言，它就破产了。

科学在自然界中没能发现个体的享受，没能发现目的，也没能发现创造性，科学所发现的仅仅是一些连续的规则。对于自然科学而言这些缺陷是真实存在的，是自然科学的方法论中所固有的。自然科学的这种盲区，是由于这种科学仅仅研究了人类经验所提供的一半证据。科学把人类经验这件无缝外衣分割开来。如果把这个比喻说得更恰当一些,科学检查了作为表皮的外衣,却忽略了作为基础的身体。

在欧洲思想中,造成这种科学盲区的原因是笛卡尔确立的将身和心进行的灾难性的分裂。从一种意义而言,抽象是一种巧妙恰当的方法,因为它首先考虑最简单的事物,这种方法大约延续了十代人。现在这些最简单的事物成了自然界的那些普遍习性,占据着在我们最遥远、最模糊的观察下的宇宙的整个领域。这些自然规律中没有一个能够为必然性提供丝毫证明。这些规律是过程方式,的确在我们的观察范围内占支配地位。我指的是这些事实:例如,有维度的宇宙广延性、三维空间、空间几何定律、物理事件的终极公式等。这些行为方式中任何一个都没有必然性。它们是作为平均的、规定的条件而存在,因为大多数现实事物都在彼此影响和动摇,而结构能够例证这些定律的相互关系的方式。新的自我表达方式可能会占据一席之地,我们现在对此还无法断定。但是,根据种种类比来判断,我们现在的定律在存在了足够久之后,将会逐渐变得无关紧要。新的兴趣会起主导作用。依据我们的当前的理解,物理纪元会隐于过去，模糊地制约一切事物，而对于显著关系的决定则没有明显作用。

当下通行的这些大量的规律是无机界的一般物理规律。在一定的观察范围内这些规律具有普遍性，不会受到干扰。恒星的形成、行星的运动、地球上地质的变化，似乎都伴随有一种巨大推动力，排除了任何有关能够引发变化的其他力量的线索。在这个限度内，科学所依靠的感性知觉没有揭示自然界的目的。

但是，如果说人类的一般观察（其中感性知觉仅仅是一个要素）不能揭示目的，也是不正确的。恰恰相反，对人类社会活动的一切解释都把“目的”作为一个本质性因素而包含其中。例如，在一个有旁证的案件中，动机的证明是起诉的一个主要证据。在这样一个案件中，被告是否会采用这个理论呢？即：目的并不能驱使身体运动，因盗窃行为而起诉盗窃，就如因太阳升起而起诉太阳一样。其次，任何一个政治家，如果没有对不同国家中和这些国家的不同政治家中普遍存在的各种爱国主义进行估计（不论他是否明确意识到），那他就不能处理国际关系。一条迷途之犬可能试图找到它的主人或者试图找到回家之路。事实上，我们“直接地”意识到目的是“指引”我们的行动的。没有这种指引，在任何意义上而言理论都不能起作用。精神上所接受的观念对于身体的活动不会产生影响。因此，发生的事情与观念的接受毫无关系。

精神活动并不真正是自然界的一部分，这个假设完全主导了科学推理，完全撇开了所有那些精神的先行因素。人类惯常认为这些因素能够有效指导宇宙活动。如果我们意识到其中的局限性，将这一过程作为一种方法是完全有道理的。这些局限性既明确，又未被界定。哲学的希望是逐渐推导出来它们的定义。

我要强调的几点是：第一，在我们的根本性观察中，精神和自然界之间这种截然分裂是没有根据的。我们自身即生活于自然界中。第二，我的结论是，我们应当把头脑运转看作是自然界的构成性因素。第三，我们应当抵制自然过程中的“空转轮（idle wheels）”的观念。每一个因素的出现都会产生影响，这种区别只能依据这个因素的特殊性质来表达。第四，我们现在的任务是界定自然界的各类因素，以便了解精神存在（mental occurrences）在限定其后的自然过程中是如何发挥作用的。

自然界的存在大致可以分为六种类型。第一种是人的存在，即身体和精神。第二种包括各种动物生命，即昆虫、脊椎动物以及其他种类，实际上就是人类以外的所有各类动物。第三种包括一切植物。第四种由单细胞生物构成。第五种由各类大型的无机集合体构成，其体积可与动物的身体相比，或者更大。第六种由体积极小的存在所组成，是通过现代物理学的显微分析所发现的。

自然界的所有功能性活动相互影响、相互要求并相互引导。上述分类并未经过科学的考量，而是有意进行了粗略的划分。严密的科学分类对于科学方法极为重要，但对于哲学反而危险。这种分类遮蔽了这样一个真相，即自然界存在的不同方式彼此影响。这些方式包括：由细胞组织集中指导的动物生命，具有有机细胞群的植物生命，具有有机分子群的细胞生命，被动接受来自空间关系的必然性的大范围无机分子组织，以及丧失了更大范围内无机界被动性的一切痕迹的次分子活动。

通过这样的考察，我们得出了一些主要结论。第一个结论是关于不同组织方式所产生的不同功能性活动方式。第二个结论是关于这些不同方式的连续性。临界案例可以是将不同方式连续起来。这种临界情况往往是不稳定且转瞬即逝的。但是，存在的时间跨度仅是相对于我们人类生命的习惯而言。对于次分子这个存在而言，一秒钟也是一个很长的时期。第三个结论是随着我们观察范围的改变，会观察到自然界不同的方面。每一观察的范围都为我们呈现了适于这一范围的平均结果。

其次，另一个问题又产生了：我们怎样观察自然界呢？还有，对于一种观察的正确分析是什么？对这个问题常见回答是：我们通过感官来感知自然界。在分析感性知觉时，我们往往偏重于其最清晰的方面，即视觉。视觉是进化的最后产物，它属于高等动物，即脊椎动物和较为高等的昆虫。有无数生命不能证明它们具有视觉，但是，它们展现出的所有迹象都表明，它们以生物适应的方式来顾及自身的环境。通过紧闭双眼或者不幸失明，人类也极易失去视觉。仅依靠视觉所提供的信息尤为空泛无用，这些信息仅是作为被着色的外部区域而揭示出来，各种颜色之间没必要转化，没必要选择区域，也没必要对色彩的展示进行相互适应。任意瞬间的视觉仅提供不同着色区域的这一被动的事实。要是我们有记忆力，我们就会观察到颜色的转化。但是，纯粹的着色区域不存在任何关于本质的信息，即任何可以据此来理解变化的内部活动的线索。但正是通过此类经验，我们才能得到被动的物质实体的一种空间分布的概念。因而，自然界就被描绘为由各块没有内在价值而穿梭于空间的空洞物质构成。

不过，这种经验有两个附带问题，使我们怀疑是否应按经验的表面价值，去认定这种经验直接揭示了事物的形而上学本性。首先，即使在视觉经验中，我们也会发觉身体的干预。我们清楚地知道我们是用眼睛来看的。这是一种模糊但极其重要的感受。其次，每一项判决性实验都证明，我们看见什么以及在何处看见什么，都完全取决于我们身体的生理功能。任何使我们的身体以特定方式内在地发挥功能的方法，都会提供一种特定的视觉感知。身体对距离其视觉材料所及之处不远的自然界中发生的事件毫不在意。

所有其他感觉方式也同样如此，不过是有过之而无不及。一切感性知觉都不过是我们的感性经验依赖于身体活动的一种结果。因此，如果我们想了解个人经验与自然界活动之间的关系，恰当的办法应是考察个人经验对于个人身体的依赖。

让我们探询一下关于自己个人的身体和精神关系的一些压倒性信念。首先，是关于统一体的主张。人的个体是一个事实：身体和精神。这种统一体的主张是一个基本事实，我们总是将其作为预设，很少明确地将它阐述出来。我在体验着，而我的身体是属于我的。其次，我们身体的功能运转具有更很广泛的影响，不仅限于产生感性经验。我们发觉自己因内部器官（心、肺、肠、肾等）良好地运行各项功能而健康地享受生命。这种情感之所以产生，是因为这些器官并不提供任何与自身直接相关的感性材料。甚至就视觉而言，我们享受视觉是因为我们没有视觉疲劳。同样，我们只享受生活的一般状态，是因为我们没有胃病。但我坚信，对于健康的享受，无论好坏，都是一种积极的感觉，仅偶尔与特别的感性材料相关。例如，即使看到的是一幅糟糕的画作，或一栋粗陋的建筑，你仍然可以享受眼睛的轻松运转。这种由身体派生的情感所带来的直接感受是我们的基本经验之一。各类情感都存在，但是每种都至少会受到身体派生的修改。详细分析身体功能活动的方式是生理学家的事。对于哲学而言，一个最基本的事实是：心理经验的整个复合体或派生于这种功能，或被其修改。我们的基本感受也是这种派生于身体的感觉，使我们开始主张身体和精神的统一。

但是我们的直接经验也主张另一个来源的派生，并同样主张以其为基础的统一性。这个第二来源便是我们自身的情感状态，是先于我们意识的经验的当下呈现。四分之一秒之前，我们尚怀有某些观念，尚感受到某种情绪，尚在对外部事实作某些观察。而我们现在的精神状态则继续着那个先前的状态。“继续”一词只说出了部分真相。在一定意义上而言，这个词太无力了，在另一种意义上而言，它又夸大了。之所以无力，是因为我们不仅仅继续，还要求与以前的状态有绝对统一性。正是处于这种精神状态中的完全同一的自我，理所当然地成了四分之一秒后我们当下经验的基础。在另一种意义上，“继续”一词又夸大了。因为我们并不完全继续着先前的经验状态，一些新的因素已经介入。所有这些新因素都是由我们身体的功能运行所提供。我们把这些新的经验因素与四分之一秒之前我们的精神状态所提供的基本经验材料融合在一起。同时，正如已承认的，我们主张与自身身体的同一性。因此，我们当下的经验揭示出它自己的本性具有两个派生来源，即身体和先前的经验活动。同时，我们主张与这两个来源中的每一个都具有同一性。身体是我的，先前的经验也是我的。再者，只有一个自我来主张身体和经验之流。我认为，在此我们具有了建立我们存在的全部实践的最基本的信念。当我们存在时，身体和心灵是生命不可或缺的因素。每个因素都具有我们此刻自身的全部实在性。但是，无论身体或心灵都没有我们初见就赋予它们的那种鲜明的可观察的定义。在我们关于身体的知识中，把身体当作自然界中更广大领域内发生的事件的一种复合统一体。但是身体与自然界中其他部分的界限是极模糊的。身体包含了亿万分子的协同活动，永远以无数方式失去分子而又获得分子，这是它结构的本质。当我们从微观精细度角度来考虑这个问题时，身体的起点和外部世界的终点之间就不存在明显的界限。而且，身体可以失去全部肢体，但我们仍可以宣称此身体的同一性。在断掉的肢体中细胞的生命活动也是慢慢地减弱的。事实上，与分子的内部振动周期相比，肢体在脱离身体后的一段很长的时期内还是活的。撇开这种灾祸不论，身体还需要环境已存在。因此，身体和环境就是一个统一体，正如身体和心灵统一于个体一样。

但是，在设想个人的同一性时，我们往往强调心灵而非身体。一个个体就是其调和的个人经验之流，它是我的生命线或你的生命线。它是一种自我实现的连续，每一情景都有其过去的直接记忆和对未来的展望。这种对持续的自我同一性的肯定就是我们对个人的同一性的自我肯定。

不过，当我们探究心灵这个概念时，就会发觉它比我们给身体做的界定更加含糊。首先，心灵的连续性（就其与意识相关而言）必须跨越时间间隔。我们睡着或者昏迷，然而同是此人，他又会恢复意识。我们信任记忆，并将信任建立在自然界活动的连续性，尤其是身体的连续性的基础上。这样，一般而言的自然界和特殊而言的身体都为个人的心灵延续提供了素材。还有，在心灵存在的连续情境中就会产生一种奇异且各异的生动感。我们全力生活，对外部事件作敏锐的观察；接着对外部的注意逐渐消失，我们陷入深思；在生动的呈现中深思逐渐减弱，于是我们打盹，做梦，随着整个意识流的流逝而入睡。心灵的这些功能活动是多样的、可变的、不连续的。对心灵的统一性的主张类似于对身体的统一性、身体和心灵的统一性以及身体与外部自然界的共同性的主张。哲学推测的任务就是设想宇宙所发生的事件，旨在使自然科学观变得可以理解，并且把这种观点同认识论必须据以建立的那些表现基本事实的直接信念结合起来。十八、十九世纪认识论的缺点在于它将自身纯粹建立在对感性知觉的狭隘表述基础上。同时，在各种感觉形式中，视觉经验被选为代表性的范例。其结果就是必然会排除构成我们经验的所有真正的基本因素。

在这种认识论中，我们远离了复杂材料，而哲学推测必须在一个体系内对这些材料进行解释而使一切变得可理解。让我们探究一下身体和心灵、身体和自然界及心灵和自然界这些共同体的类型，或探究一下身体存在的连续情境，或心灵存在。这些基本的相互联系都有一个非常显著的特点。我们要问外部世界对于构成心灵的经验之流有什么作用。这个因此而被体验的世界是那些经验中的一个基本事实。适于个人心灵存在的一切情感、目的以及享受，都不外是心灵对于这个作为心灵存在基础的被体验的世界的反应。

因此，在一定意义上而言，被体验的世界是组成心灵本质的诸多因素构架中的一个复合因素。我们可以扼要地将其表达为：在某种意义上而言，世界存在于心灵之中。

但是，一种与这条基本真理相反的理论存在，即：我们对于世界的经验包括了心灵将自身作为世界之内的构成部分之一的展现。因此，作为一种被关系者的经验情境与作为另一被关系者的被体验的世界之间的关系，存在着二重性。在一种意义上，世界被包含在这个情境之中，在另一种意义上，这个情境被包含在世界之中。例如，我在这个房间内，而这个房间是我现在经验中的一项。但是，我现在的经验正是现在的我。

然而，这种使人不解的相反关系扩展到了我们一直在讨论的一切关系上。例如，试考虑心灵的持续自我同一性。心灵无非是从我出生到此刻经验情境的连续。所以，在这一瞬间，我就是体现了所有这些情境的完整个人。这些经验情境都是属于我的。另一方面，同样可以说，我此刻的直接经验情境仅是构成我的心灵情境之流中的一个。其次，于我而言，世界无非是我身体的各种功能活动如何呈现于我的经验面前。因此，世界需要在这些活动中得到充分揭示。关于世界的知识无非是对于这些功能活动的分析。但是，另一方面，身体不过是世界的普遍集合中功能活动一种集合。我们要根据身体的集合来解释世界，也要根据世界的一般活动来解释身体的集合。

因此，正如在我们经验的基本本质中所揭示的那样，事物的集合性包含了某种相互内在性的理论。在某种意义上，世界的现实事物的这种共同体意味着每一事件是另一其他事件的本质中的一个因素。毕竟，这是我们能够理解日常生活中常使用的那些概念的唯一方法。我们关于因果关系的概念，就是一例。一个事件如何能够成为另一事件的原因呢？首先，任一事件都不能称为另一事件的全部且唯一的原因。先前的整个世界才能产生一个新情境，但是某一情境对于一个后续情境的形成起到了重要的限定作用。我们怎样来理解这种限定过程呢？

关于质的转移的这个纯粹概念是完全不能成立的。假定有两个事件实际上彼此独立，如果其中之一无须涉及另一个即可理解，那两者之间所有的因果关系的概念或者限定的概念就是不能成立的。按照这种假定，就没有理由说明具有某种质的其中一个事件会影响另一个具有这种或任何其他种质的事件。按照这样一种理论，世界上质的连续作用和相互作用就会变成一种空泛的事实，不能超出直接观察范围而得出关于过去、现在和未来的结论。这样一种实证主义的信念本身完全可以前后一致，只要我们不将对于未来的希望或对过去的悔恨包含在内。这样一来，科学便无关紧要了。努力也是愚蠢的，因为它什么也决定不了。关于因果关系的唯一可理解的理论是建立在内在性理论的基础之上的。每一情境都以先前世界为预设，作为自身本性中的积极因素。正因如此，事件彼此之间具有相互决定性。也正因如此，过去的质能（qualitative energies）会结合成为一种当前情境中质能的模式。这就是因果关系理论。正因如此，因果关系属于每个情境的本性，那是它“所在的地方”。正因如此，特性从一种情境转移到另一种情境。正因如此，自然规律具有相对稳定性，一些规律适合于广阔环境，而另一些律适合于狭小环境。正因如此，诚如我们已经指出的，当我们直接理解周围世界时，就会发现依据观察材料主张双重统一性这种奇怪习惯。我们存在于世界中，而世界存在于我们之中。我们的直接情境存在于形成心灵的情境集合中，而我们的心灵又在我们的当下情境中。身体是我们的，我们又是身体内的一种活动。这种观察事实虽模糊，但很必要，是周围世界连续性的基础，也是其秩序类型进行传递的基础。

在考量观察材料以作为我们的哲学宇宙论必须建立的基础时，我们便将自然科学的结论和那些主导人类社会活动的惯常信念结合起来了。这些信念同样引导着文学、艺术和宗教中的人道主义。除非是作为思维中一种抽象的远端，否则纯粹的存在从未进入到人的意识之中。笛卡尔的“cogito ero sum”被错译成“我思故我在”。这绝不是我们所意识到的空泛的思维或存在。我发现自己实质上是情感、享受、希望、恐惧、遗憾，以及对各种选择的评估和决定的统一体。所有这些主观反应都活跃在我的本性中。我的统一体（即笛卡尔的“我在”）就是我将杂乱的材料塑造成前后一致的感受模式的过程。个体享受就是我作为一种自然活动，将环境的各种活动塑造成了一种新的创造物，即此刻的自我；然而，作为我的自我，是先前世界的持续。如果强调环境的作用，这个过程便是因果关系。如果强调我的主动享受的直接模式的作用，这个过程便是自我创造。如果强调对未来的概念预测（未来的存在必然存在于当下现在的本性中）的作用，这个过程便是以未来的某种理想为目标的目的论中的目的。然而，这种目的实际上并没有超越当下现在的过程。因为对于未来的目的乃是当下的一种享受，因而有效地限定了新创造物的直接的自我创造。

现在我们可以再一次提出上一讲临近结束时所讨论的那个最后的问题。自然科学将自然界归结为活动，并且发现了在自然界的这些活动中所阐明的抽象的数学公式。但是，这个基本问题仍然存在，那就是：我们怎样给空泛的活动概念加入内容？只有将生命和自然界融合起来，才能回答这个问题。

首先，我们必须区分生命和精神。精神作用包括概念经验，它只是生命中一个可变的成分。在此称为“概念经验”的那种功能活动，便是容纳从某种纯粹物理实现中抽象出来的理想实现的那些可能性。概念经验的最明显的例子是容纳其他可供替代的选择。生命隐于这种精神阶段中。生命就是源于过去并旨在未来的情感享受。这种指引性的特征是这种容纳的本质。

情感以两种方式超越现在，既承前，又启后。我们时时刻刻接收情感，享受情感，并将其传递下去。按照基督教贵格会（Quaker）对情境一词的解释，每一种情境都是一个重大关系的活动，是超越性和内在性的会合。虽然按其现在的功能来说，这些事物是这些情境的关系中的因素，但是情境通过感受和目的，与按其本质处于情境之外的事物建立关系。因此，尽管每一情境都参与自身直接的自我实现，但是也同样与宇宙相关。

这永远是一种不断修正的过程，因为存在无数的供给渠道和无数的质的构成。情感的统一体，也就是现在的情境的统一体，是一种模式化了的质的构成，总是在进入未来时不断变化。创造活动旨在存留构成成分并保持强度。模式的修正，从剔除到摒弃，都必须遵从这个目标。

只要概念性精神不介入，遍布于环境的各类重要模式就会将继承而来的调整方式传递下去。在此，我们发现了物理学家和化学家所研究的那些活动模式。在所有这些如此被研究的情境中，精神都只是潜在的。在无机界中，就我们的识别能力而言，任何不时出现的闪光都是没有效力的。有效精神的最低级阶段受到承袭来的物理模式所支配，包含了无意识的理想目标所强调的隐约方向。各种关于较高级生命形态的例子展现出精神效力的各个不同阶段。在动物的社会习性中，有证据表明过去的精神性闪光已退化为身体习性。最后，在更高级的哺乳动物特别是人类中，有清晰的证据表明我们具有惯常有效力的精神性。在我们自身的经验中，有意识地接受并且予以系统化的这种知识，只意味着是这种直接观察到的精神性。

作为概念活动对象的那些性质，就如化学中催化剂一词的意义那样，具有催化剂的性质。这些性质不断修正审美的过程，用许多从过去得来的感觉之流构成自身。没有必要认为概念引入了可计量能量的补充能源。因为能量守恒定律并不是依据详尽彻底的测量而得出的，这种引入可能发生。但是，我们基本上将精神的运转设想为是能量流的转化。

这几讲中，我们没有谈及体系化的形而上学宇宙论。这几讲旨在指出我们经验中借以构建宇宙论的那些因素。作为这种构建出发点的关键概念是：物理学所研究的能量活动就是生命中所采纳的情感的强度。

哲学始于疑思。最终，当哲学思维竭尽所能后，怀疑仍然存在。不过增加了对于事物无限性的一些把握，也通过理解净化了情感。但是，这些反思中仍存在一种危险。人们往往用一种被动享受的蜕化形式来设想直接的善。存在是一种不断融入未来的活动。哲学理解的目的就是按照活动的超验作用来洞察活动的盲区。

第四篇

结语

思维的方式

第九讲
哲学的目的

就理性思维以及文明的评价方式能够对创造未来产生的影响而言，大学的任务就是创造未来。未来孕育着成就和悲剧的一切可能性。

在这个创造性活动的舞台上，哲学的特殊功能又是什么呢？

为了回答这个问题，我们首先必须确定是什么东西构成某一特殊理论的哲学特征。是什么使一种理论成为哲学理论？即使透彻理解其关系的全部无限性，也没有一种真理比其他真理更能成为哲学真理。哲学追求的是一种否定全知的工作。

哲学是心灵的一种态度，关乎被无知地接受的各种理论。所谓“无知地接受”，我是指没有理解理论的全部意义，此理论涉及相关情况的无限多种情况。哲学的态度是坚定不移地试图加深对我们当前思想中一切概念的应用范围的理解。哲学试图将每一个字句纳入到思维的语言表述中去，并探究“它有什么意义？”哲学从不满足于每一个明智人士都会回答的惯常假定。如果满足于初始概念和初始命题，那他们就不再是哲学家。

当然，为了进行揭示，你必须从某处开始。但是，当哲学家从他的前提出发来进行论证时，他就已将这些前提逐字逐句地标记下来以作为进一步探究的课题。没有一个哲学家会满足于与明智人士取得一致，不管这些人是他的同事还是他先前的自我。他总是在突破有限性的边界。

科学家也致力于拓宽知识。他以一组初始概念以及这些概念之间的初始关系为出发点，以确定他的科学范围。例如，牛顿力学以欧几里得空间、重物质、运动、张力与压力以及更一般的力的概念为假设，还有运动定律以及后来加入的其他概念。科学就是在假定这些概念适用的条件下对结论进行推导。

在对待牛顿力学上，科学家与哲学家背道而驰。科学家要探究结论，并设法观察这些结论在宇宙中的实现。哲学家要根据那些遍布世间的混乱的特征来探究这些观念的意义。

显然，科学家和哲学家可以相互帮助。因为科学家往往需要新观念，而哲学家通过研究科学结论获得各种意义的启发。他们相互交流的通常方式就是共享教化思想的现行习惯。

有一种持续扼杀哲学思维的一贯假定。这种信念如此自然以至于人类有意识地采纳了适用其存在的所有基本观点。而且，它以为人类语言可以通过单字或短语明确表达这些观点。我把这个假定称为“完美的辞典的谬误”。

在这里，哲学家作为哲学家与学者分道扬镳。学者借助辞典来探究人类思维和人类成就。他是文明思想的主要支持者。没有学识，一个人可以拥有道德、宗教信仰并且过得非常愉快，但他不是一个完全文明的人，他会缺乏精致准确的表达能力。

显然，正如需要科学一样，哲学家也需要学识。但科学和学识都只是哲学的辅助工具。

“完美的辞典的谬误”把哲学家分为两个学派，即摒弃思辨哲学的“批判学派”和包含了思辨哲学的“思辨学派”。批判学派将自身限定于辞典范围内的语言分析。而思辨学派则推崇直接洞察，并且力图进一步利用促进这种特殊洞察的情境来揭示其意义。这样它就扩充了辞典。这两个学派之间的分歧是安全与冒险之间的争执。

批判学派的优势在于进化论从来没有在任何本来意义上研讨过古代学识。因此就产生了对人类心灵特征有确定规范的假定。这种特征表述的蓝图就是辞典。

我注意到哲学史上的两个伟大时刻。苏格拉底终其一生分析雅典世界通用的假定，并明确地承认他的哲学是对于无知的一种态度。他是批判性的，也是建设性的。

哈佛大学完全可以为约 30 年前哲学系的伟大时期而感到骄傲。乔赛亚·罗伊斯（Josiah Royce）、威廉·詹姆斯（William James）、桑塔亚那（Santayana）、乔治·赫伯特·帕麦尔（George Herbert Palmer）、敏斯特伯格（Munsterberg）组成了一支足以引以为豪的团队。其中，帕麦尔的成就主要集中在文学以及他作为教师的才华上。这是一支个体杰出、但作为群体更加杰出的团队。他们冒险、思辨、寻求新观念。作为一个哲学家，就是要对这个团队的主要性格特征做谦逊的探讨。

哲学的用途就是维护一种阐明社会制度中基本观念的积极有效的新东西。它使普遍接受的思想不再慢性地堕落为消极无效的老生常谈。如果用语言表述的话，它是"神秘的"。因为神秘主义就是直接洞察无法言说的深奥。但是哲学的目的是把神秘主义理性化：不是通过巧辩，而是引入有新意的、在理性上协调的对其特征的表述。

哲学近似于诗。两者都力图表达我们称之为文明的终极良知。两者都关乎超越词汇直接意义的塑造。诗与韵律联姻，而哲学则与数学结盟。